曾子
文化丛书

主编 曾振宇

陈晨捷 译注

《大戴礼记》『曾子十篇』译注

上海三联书店

本书为

曾智明"曾子学术基金"科研成果
山东大学儒学高等研究院科研成果
山东大学曾子研究所科研成果
曾子研究院科研成果

目　录

凡 例

一、本书之校点与译注主要以孔广森《大戴礼记补注》（王丰先点校，北京：中华书局，2013 年版）为底本。

二、"曾子十篇"原文校、释所参考的著作：

阮元：《曾子注释》，陈锦春点校，南京：凤凰出版社，2022年版。

王聘珍：《大戴礼记解诂》，王文锦点校，北京：中华书局，1983年版。

王树枏：《校正孔氏大戴礼记补注》，北京：中华书局，2013年版。

王引之：《经义述闻》，南京：江苏古籍出版社，1985 年版。

汪中：《新编汪中集》，田汉云点校，扬州：广陵书社，2005年版。

孙诒让：《大戴礼记斠补》，雪克点校，济南：齐鲁书社，1988年版。

于鬯：《香草校书》，北京：中华书局，1984 年版。

王永辉、高尚榘辑校：《曾子辑校》，北京：中华书局，2017年版。

三、"曾子十篇"译文所参考的著作：

黄怀信主撰，孔德立、周海生参撰：《大戴礼记汇校集注》，西安：三秦出版社，2005年版。

方向东：《大戴礼记汇校集解》，北京：中华书局，2008年版。

高明注译：《大戴礼记今注今译》，台北：台湾商务印书馆，1977年版。

罗新慧：《曾子研究——附〈大戴礼记〉"曾子"十篇注释》，北京：商务印书馆，2013年版。

刘光胜：《出土文献与〈曾子〉十篇比较研究》，上海：上海古籍出版社，2016年版。

贾庆超主编：《曾子校释》，济南：山东大学出版社，1993年版。

杨秀礼译注：《曾子·子思子译注》，上海：上海三联书店，2018年版。

四、符号使用规范说明：

［　］表衍字；〔　〕表错字；〈　〉表补漏；（　）表或字。

曾子思想指要

　　曾子名参,孔子弟子,《史记·仲尼弟子列传》载曰:"曾参,南武城人,字子舆。少孔子四十六岁。孔子以为能通孝道,故授之业。作《孝经》。死于鲁。"曾子虽不见于"四科十哲",但曾子于《论语》中的记载亦不在少,据董治安先生总结:

　　　　今本《论语》二十篇,其中计十三章十七次出现过曾子(或"参")一名。从条数和字数看,所记多于一般孔门弟子,而稍少于子路(十三章七十七次)、子贡(十三章五十四次)、颜回(七章二十七次)、子张(十章二十八次)、子夏(八章二十四次)、冉求(八章三十三次)等。①

孔子对曾子的评价是"参也鲁"(《论语·先进》),朱熹云:

　　　　鲁,钝也。程子曰:"参也竟以鲁得之。"又曰:"曾子之学,诚笃而已。圣门学者,聪明才辩,不为不多,而卒传其道,乃质

① 董治安:《论曾子——关于历史上的曾子和曾子的历史评价》,《文史哲》1993年第1期,第28页。

鲁之人尔。故学以诚实为贵也。"尹氏曰:"曾子之才鲁,故其学也确,所以能深造乎道也。"①

认为"鲁"指质朴,只有质朴之人才能传承孔子之道。子贡对曾子也评价极高:

满而不盈,实如虚,过之如不及,博无不学,其貌恭,其德敦,其于人也无所不信,其骄大人也,常以皓皓,是以眉寿,是曾参之行也。孔子曰:"孝,德之始也;弟,德之序也;信,德之厚也;忠,德之正也。参也中夫四德也哉!"(《大戴礼记·卫将军文子》)

《论语》无疑成书于孔子弟子或再传弟子之手,非一人一时所著,唐代柳宗元指出:"是书载弟子必以字,独曾子、有子不然。由是言之,弟子之号之也。"他甚至断言:"卒成其书者,曾氏之徒也。"②杨伯峻先生对此也有所论证,认为"《论语》的编定者或者就是这班曾参的学生"③。董治安先生认为:

《论语》最后之整理、纂定,必然有一个过程。而此一过程的实际开始,又必有年辈居长、孚乎众望者主持其事。在孔子死后半个世纪左右的鲁国,能称此职者,只能是曾子其人。曾子弟子"卒成其书",恰恰表明其师曾子实际也投入了全过程

① 朱熹:《四书章句集注》,北京:中华书局,1983年,第127页。
② 柳宗元:《柳宗元集》,易新鼎点校,北京:中国书店,2000年,第61—62页。
③ 杨伯峻译注:《论语译注》"导言",中华书局,1980年,第29页。

的部分或大部分工作，并且是主持者的工作；门弟子们不过是续其未竟之绪而已。①

除了可能参与编纂《论语》、传承孔子之道外，曾子及其著作对儒家思想的发展也作出了巨大的贡献。

一、《大戴礼记》"曾子十篇"

《汉书·艺文志》载儒家类文献有"《曾子》十八篇"并注曰"名参，孔子弟子"，应该说这是目前所见有关曾子著述的最早记载。而今本《大戴礼记》中又有"曾子十篇"，那么《曾子》十八篇与《大戴礼记》"曾子十篇"的关系究竟如何？据黄怀信先生研究，《大戴礼记》无疑为西汉戴德所辑，然"全书至迟于唐代已'佚'大半"②，其中所佚者是否包含有关曾子的内容无法确定，罗新慧教授认为或许《曾子》十八篇便在其中，因亡佚之故，"包括于《大戴礼记》中的《曾子》十八篇亦当在劫难逃，部分篇章或随之亡佚，除文献所引用而保存的零星文字外，仅见今存的十篇文字——即《大戴礼记》的'曾子'十篇"③。换言之，《大戴礼记》"曾子十篇"有可能即《曾子》十八篇之遗文。钟肇鹏先生则直接断言"《大戴礼记》中的曾子十

---

① 董治安：《论曾子——关于历史上的曾子和曾子的历史评价》，《文史哲》1993 年第 1 期，第 32 页。

② 黄怀信：《关于〈大戴礼记〉源流的几个问题》，《齐鲁学刊》2005 年第 1 期，第 20 页。

③ 罗新慧：《上博楚简〈内礼〉与〈曾子〉十篇》，《齐鲁学刊》2009 年第 4 期，第 19 页。

篇即《汉书·艺文志》儒家著录的《曾子》十八篇的遗文"①。当然，也可能二者内容本来就相同，并不存在遗文一说，只是整理者按照自身的理解而将其分为不同的篇目，如张磊认为乃"刘向根据自己的标准，将曾子著作整理为'十八篇'"②。

另外，梁阮孝绪《七录》及《隋书·经籍志》录有"《曾子》二卷，《目》一卷"。两唐书、《崇文总目》、《郡斋读书志》、《文献通考》、《宋史》、《山堂考索》等仅录"《曾子》二卷"，无"目一卷"。宋晁公武《郡斋读书志》卷十认为《曾子》二卷"当是其门人所纂尔。汉《艺文志》'《曾子》十八篇'，隋《志》'《曾子》二卷、目一卷'，唐《志》'《曾子》二卷'，今此书亦二卷，盖唐本也。视汉亡八篇，视隋亡目一篇，考其书已见于《大戴礼》"。晁公武所见唐本《曾子》二卷仅十篇，他认为乃班固所云的《曾子》十八篇亡佚八篇而致。但也有可能《曾子》二卷乃是根据《大戴礼》而另辑一书，而非由《曾子》十八篇亡佚而成。南宋高似孙《子略》卷一云：

> 《曾子》者，曾参与其弟子公明仪、乐正子春、单居离、曾元、曾华之徒讲论孝行之道、天地事物之原，凡十篇。自《修身》至于《天圆》，已见于《大戴礼》，篇为四十九、为五十八，它又杂见于《小戴礼》，略无少异，是固后人掇拾以为之者。

其所见十篇与今本在篇名上略有差异，但大体不出《大戴礼记》。

---

① 钟肇鹏：《曾子学派的孝治思想》，《孔子研究》1987 年第 2 期，第 50 页。
② 张磊：《〈曾子〉源流与〈大戴礼记〉'曾子十篇'》，《古籍整理研究学刊》2009 年第 3 期，第 23 页。

陈振孙《直斋书录解题》与王应麟《汉书艺文志考证》也认为《曾子》十篇出于《大戴礼记》。蒋伯潜先生则在《诸子通考·诸子著述考》中云：

> 《曾子》，《汉志》作十八篇。《七录》及《隋志》作二卷，目一卷。新、旧《唐书》但作二卷。《崇文总目》、《通志》、《文献通考》、《山堂考索》、《宋志》均作二卷。晁公武所见之本亦二卷，共十篇，与《大戴礼》中之十篇同。杨简本卷篇亦同，有卢辩注。高似孙、王应麟所见本，卷篇亦同，但第一篇曰《修身》，不曰《曾子立事》。……似曾子传本有两种：一种为十八篇本，一种为二卷十篇本也。但此二种均已亡佚，无从考其真矣。《大戴记》中有十篇，明题"曾子"；晁公武所见二卷本之十篇即与之同，是《曾子》原书虽亡，而十篇尚存矣。①

他认为十八篇本与十篇本是两种不同的传本。总而言之，《曾子》十八篇、《大戴礼记》"曾子十篇"及单行本《曾子》二卷之间的关系错综复杂。单行本的《曾子》大致于南朝末年亡佚，后人已难知其本来面貌，也无法确定其与《大戴礼记》"曾子十篇"的异同，今日所能见者只有《大戴礼记》的"曾子十篇"了。

关于《大戴礼记》"曾子十篇"的真伪，前人分歧较大：有学者断定其为晚出伪书，如南宋黄震、明代方孝孺以及近代梁启超、张心澂等；也有力证其不伪或凸显其价值者，如明代宋濂、清人钱大昕、

---

① 蒋伯潜：《诸子通考》，浙江古籍出版社，1985年，第344—345页。

卢文弨、阮元等。① 近三四十年来,由于郭店楚简与上博简的发现,学者们通过比较研究,已可以断定"曾子十篇"为先秦时期的作品,而非汉人伪作,如罗新慧教授通过梳理郭店楚简与曾子思想的关系,认为"应当肯定《曾子》成书的时间早于《缁衣》,至少是同一思想发展阶段的作品"②;通过上博简《内礼》与《曾子》十篇的比较,认为"竹简《内礼》可与《大戴礼记》'曾子'中有关内容相对应,表明《曾子》一书是与曾子有关的先秦文献,其在战国时期已在社会中有所流传",尽管二者中的章句有所不同,但"还不能说明《曾子》成书晚于《内礼》"③。刘光胜教授则把"曾子十篇"定位在《论语》与郭店楚简之间,将其视为孔孟之间儒家思想进程的一个重要链环。④

但对于"曾子十篇"是否代表曾子本人的思想,学界莫衷一是。《汉书·艺文志》与《隋书·经籍志》均认为十篇乃曾子所作,而如前引高似孙言"《曾子》者,曾参与其弟子公明仪、乐正子春、单居离、曾元、曾华之徒讲论孝行之道、天地事物之原"而"后人掇拾以为之",认为其可以代表曾子的思想,只是成于弟子之手。王应麟在《汉艺文志考证》一书中亦持此论。朱熹则在《晦庵集》卷八十一中质疑道:"世传《曾子》书者,乃独取《大戴礼》之十篇以充之,其言语气象,视《论》、《孟》、《檀弓》等篇所载相去甚远。"⑤方孝孺亦怀

---

① 具体可参见刘光胜:《〈大戴礼记〉"曾子十篇"研究综述》,《中国史研究动态》2010 年第 3 期,第 3—4 页。

② 罗新慧:《郭店楚简与〈曾子〉》,《管子学刊》1999 年第 3 期,第 65 页。

③ 罗新慧:《上博楚简〈内礼〉与〈曾子〉十篇》,《齐鲁学刊》2009 年第 4 期,第 21 页。

④ 刘光胜:《〈曾子〉十篇思想内涵新论》,《人文杂志》2011 年第 1 期,第 21 页。

⑤ 朱杰人、严佐之、刘永翔主编:《晦庵先生朱文公文集》(五),《朱子全书》第 24 册,上海:上海古籍出版社;合肥:安徽教育出版社,2002 年,第 3855 页。

疑其与曾子思想不类,云:"意者出于门人弟子所传闻,而成于汉儒之手者也,故其说间有不纯。"①钟肇鹏先生推测《曾子》乃由再传弟子就曾子之遗言、遗文缀辑而成,其成书略晚于《论语》,时代当在战国早期。② 董治安先生也认为整理者应该是曾子的再传弟子,"十篇"基本完成于战国后期。③ 综合诸说,总体而言,十篇应成于曾子弟子或再传弟子之手,但是否完全代表曾子本人的思想则无法确定。

同时,有学者注意到十篇之间内在的差异,如黄开国先生认为《曾子》十篇是由曾子后学不同学派编订的,《本孝》、《立孝》、《大孝》、《事父母》四篇,出自孝道派弟子之手,《立事》、《制言》、《疾病》、《天圆》四篇,则与孝道派没有关联。④ 刘光胜教授也意识到"曾子十篇"不同篇章之间存在的思想歧异,进而将其分为内、外、杂三篇,即以《曾子立事》、《曾子制言》(包括上中下三篇)、《曾子疾病》五篇作为内篇,以《曾子本孝》、《曾子立孝》、《曾子大孝》、《曾子事父母》四篇为外篇,以《曾子天圆》为杂篇,认为诸篇之间内在的矛盾,可能是成书于不同弟子造成的。⑤ 本文则将其视为曾子学派的作品,认为诸篇之间侧重点或有不同,但理论核心与思想内容则具有一致性。

---

① 方孝孺:《逊志斋集》,许光大校点,宁波:宁波出版社,1996 年,第 110 页。
② 钟肇鹏:《曾子学派的孝治思想》,《孔子研究》1987 年第 2 期,第 51 页。
③ 董治安:《论曾子——关于历史上的曾子和曾子的历史评价》,《文史哲》1993 年第 1 期,第 34 页。
④ 黄开国:《论儒家的孝道学派——兼论儒家孝道派与孝治派的区别》,《哲学研究》2003 年第 3 期。
⑤ 刘光胜:《〈大戴礼记·曾子〉分篇问题新探》,《深圳大学学报》2011 年第 1 期,第 132 页。

二、曾子思想中仁与孝的关系

在儒家思想发展史上，曾子以孝道著称，如《史记·仲尼弟子列传》所云："孔子以为能通孝道，故授之业。"《孝经》与《大学》是否为曾子所作尚缺乏坚实、充分之根据，然而曾子对孝道的重视及其理论贡献却是不容置疑的。孔子的理论核心无疑是"仁"，如有子认为"孝悌"为"仁"之本，云："其为人也孝悌而好犯上者，鲜矣。不好犯上而好作乱者，未之有也。君子务本，本立而道生。孝悌也者，其为仁之本与？"（《论语·学而》）曾子在此基础上，发展了儒家的孝道思想，韩星先生认为：

> 曾子在孔子仁本论的基础上，继承孔子孝道思想，以及有子的"孝悌为仁之本"，对孝道伦理从哲学本体论高度进行系统深入的阐释论述，把孝发展成为一切道德行为的根本和核心，形成了孝本论，创立了儒家的孝道派，使孝成为儒家乃至中国文化的基石。①

对于有子所谓的"本"，何晏注："本，基也。基立而后可大成。"邢昺疏："是故君子务修孝弟，以为道之基本。基本既立，而后道德生焉。"②朱熹则云："务，专力也。本，犹根也。……言君子凡事专用力于根本，根本既立，则其道自生。若上文所谓孝弟，乃是为仁之

① 韩星：《曾子学派的孝本论》，《伦理学研究》2022 年第 3 期，第 42 页。
② 何晏注、邢昺疏：《论语注疏》，北京：中国致公出版社，2016 年，第 3 页。

本,学者务此,则仁道自此而生也。"①不管是何晏、邢昺的解法还是朱熹的解法,皆在明确仁为"本",孝弟只是实现仁的方法与途径。就孔子思想本身的逻辑而言,也当如此。而在曾子的思想体系中,"孝"似乎已然取代"仁"而为"本"了。

曾子自然也重视"仁",认为对"仁"的追寻与持守是君子的终生志业之所在,《曾子制言中》云:

> 负耜而行道,冻饿而守仁,则君子之义也。……故君子无悒悒于贫,无勿勿于贱,无惮惮于不闻。布衣不完,疏食不饱,蓬户穴牖,日孜孜上仁;知我,吾无欣欣;不知我,吾无悒悒。是以君子直言直行,不宛言而取富,不屈行而取位。畏之见逐,智之见杀,固不难。诎身而为不仁,宛言而为不智,则君子弗为也。

以"道"或"仁"为终极追求,此乃其与孔子一贯相承之处。甚至在曾子看来,"仁"是为人处世的根本准则,是取得富贵乃至得到天下人拥戴的不二法门:

> 是故君子以仁为尊。天下之为富,何为富?则仁为富也。天下之为贵,何为贵?则仁为贵也。昔者,舜匹夫也,土地之厚,则得而有之;人徒之众,则得而使之;舜唯以仁得之也。是故君子将说富贵,必勉于仁也。昔者,伯夷、叔齐死于沟浍之间,其仁成名于天下。夫二子者,居河济之间,非有土地之厚,

---

① 朱熹:《四书章句集注》,第48页。

货粟之富也;言为文章、行为表缀于天下。是故君子思仁义,
昼则忘食,夜则忘寐,日旦就业,夕而自省,以役其身,亦可谓
守业矣。(《曾子制言中》)

王聘珍曰:"'天下为富',谓富有四海之内也。'天下为贵',谓贵为
天子也。"①不过若依王聘珍之意,则"天下之为富"与下文"何为
富"语意不协也:既以富有四海之内为富,何必又言"何为富"? 此
处"为"乃"求取"或"谋求"之意,《逸周书·周祝》"欲彼天下是生
为"朱右曾《逸周书集训校释》曰:"为,取也。"②《战国策·东周策》
"徐为之东"鲍彪注:"为犹谋。"③"天下之为富"、"天下之为贵"意
为天下人均在谋求富与贵,然而以何种方式达到目的呢? 在曾子
看来当以"仁"即修身为德以得之,如舜由匹夫而致"土地之厚"、
"人徒之重","唯以仁得之"。简而言之,"君子将说富贵,必勉于仁
也",是谓君子欲谋求富贵,当勉力于仁,此为其必须之前提。需要
注意的是,在十篇中除了使用"仁"这个概念以外,还经常仁、义并
举,如《曾子制言上》云"士执仁与义而明行之"、《曾子制言中》云
"是故君子思仁义,昼则忘食,夜则忘寐"、《曾子制言下》言"奉相仁
义",其用法较接近于郭店楚简,应该说孔子之后儒家思想的一个
重要发展。

　　而在其他篇章,曾子则着力强调"孝"并将其抬高到无以复加
的地步。《曾子大孝》曰:

---

① 王聘珍:《大戴礼记解诂》,北京:中华书局,1983 年,第 94 页。
② 朱右曾:《逸周书集训校释》,上海:商务印书馆,1940 年,第 150 页。
③ 吴师道:《战国策校注》(一),北京:中华书局,1991 年,第 24 页。

民之本教曰孝，其行之曰养。……夫仁者，仁此者也；义者，宜此者也；忠者，中此者也；信者，信此者也；礼者，体此者也；行者，行此者也；强者，强此者也。乐自顺此生，刑自反此作。夫孝者，天下之大经也。夫孝，置之而塞于天地，衡之而衡于四海，施诸后世而无朝夕，推而放诸东海而准，推而放诸西海而准，推而放诸南海而准，推而放诸北海而准。《诗》云："自西自东，自南自北，无思不服。"此之谓也。

就此而言，"孝"乃天下至高无上之大经大法，是修身的不二旨归与终极目标，具有超越时间与空间的普遍而恒久的价值，可以说几乎涵盖了儒家的所有德目，仁、义、忠、信、礼等均依托之而获得自身的意义。《曾子大孝》又曰："故居处不庄，非孝也；事君不忠，非孝也；莅官不敬，非孝也；朋友不信，非孝也；战陈无勇，非孝也。""孝"本来仅限于父子一伦，《曾子大孝》却无限扩充其外延，从而涵括了社会生活的方方面面，甚至可以用来调节人与自然的相处模式："草木以时伐焉，禽兽以时杀焉。夫子曰：'伐一木，杀一兽，不以其时，非孝也。'"正如曾振宇先生所言，曾子"在社会思想方面，以孝为万宗之源，全面阐释了人与伦理、人与政治、人与自然的总体看法，从而构建了颇具特色的孝道德本体世界观"[1]。

但如此一来，"仁"与"孝"在十篇中的地位就形成冲突，或者说，与孔子的仁本论产生了歧异。刘光胜教授认为这是内篇与外篇的差异，内篇以仁或仁义为核心，外篇则以孝为核心，[2]其观点

---

[1] 曾振宇：《曾子思想体系论纲》，《辽宁师范大学学报》1994年第3期，第71页。
[2] 参见刘光胜：《〈曾子〉十篇思想内涵新论》，《人文杂志》2011年第1期，第22—24页。

具有一定的合理性,不过在十篇而言,两者未必就一定是冲突的。曾子言:"是故为善必自内始也,内人怨之,虽外人亦不能立也。"(《曾子立事》)又曰:"亲戚不悦,不敢外交;近者不亲,不敢求远;小者不审,不敢言大。"(《曾子疾病》)仁者爱人,不能爱家人,自然也不会爱外人;仁者立人、成人,"博施于民而能济众"(《论语·雍也》),内人犹怨之,如何济众? 因而孝是实现仁的起点、基础与前提,诚如李云光先生所言,孝弟为仁之本,欲为仁而成君子,必先尽孝而成为孝子,孔子就其全体大用而言,故曰仁,曾子就其实践本务言,故曰孝。尽孝即为仁也。[①]

三、曾子论孝道

《论语·为政》载:"子游问孝。子曰:'今之孝者,是谓能养,至于犬马,皆能有养,不敬,何以别乎?'"除了基本的物质赡养之外,孔子特别注重"敬"在孝道中的作用,以其作为人区别于动物的关键所在。当然,对孝道还有其他方面的要求,如对父母的关怀与担忧,谓"父母,唯其疾之忧"(《论语·为政》)、"父母在,不远游,游必有方"(《论语·里仁》);对父母意愿的尊重与遵循,谓"无违"(《论语·为政》)、"三年无改于父之道"(《论语·里仁》);以礼事奉父母、安排葬祭之事等,谓"生,事之以礼;死,葬之以礼,祭之以礼"(《论语·为政》);还谈到对父母的劝谏方式,谓"事父母几谏,见志不从,又敬不违,劳而不怨"(《论语·里仁》);等等。

曾子对于孝道则概括为三个层次:"孝有三:大孝尊亲,其次不

---

① 李云光:《曾子学案》,《师大国文研究所集刊》,1960 年第 4 期,第 29 页。

辱,其下能养。"(《曾子大孝》)阮元注:"尊亲者,孝子之至,莫大乎尊亲,如大舜以天下养,周公严父以配天,士大夫立身行道,扬名于后世,以显父母。不辱者,不耻其亲,不灾其身。养者,谓养志。"并释曰:

> 曾子言学与孝不敢及天子、诸侯之事,然《孝经》受业,备闻孔子之教。故篇中大孝及塞天地、衡四海、博施备物,皆兼天子、诸侯为言。今故引《孟子》、《孝经》之义,以证之也。不辱,盖亦兼亲与己身而言。《小戴记》作"弗辱"。知"养"为"养志"者,下文曾子不敢自居于孝,故知与"直养"有别。①

"能养"当谓养志,因为紧接着公明仪问曾子"夫子可谓孝乎",曾子云"君子之所谓孝者,先意承志,谕父母以道。参直养者也,安能为孝乎",又谓"烹熟鲜香,尝而进之,非孝也,养也",可见"养"当有二义:养志与养口体。在曾子看来,养口体只是人之为人的基本要求,不能谓之孝,故曰:"养可能也,敬为难;敬可能也,安为难;安可能也,久为难;久可能也,卒为难。"此处之"养"指养口体,大多数人对此皆能做到,自"敬"而上方为难能。故而曾子又曰:"孝有三:大孝不匮,中孝用劳,小孝用力。博施备物,可谓不匮矣;尊仁安义,可谓用劳矣;慈爱忘劳,可谓用力矣。""慈爱忘劳",王树枏曰:

> 阮注曰:《小戴记》"慈"上有"思"字,是也。郑司农云:"思父母之慈爱己,而自忘己之劳苦也。"今案:慈爱忘劳,本作"思

---

① 阮元:《曾子注释》,陈锦春点校,南京:凤凰出版社,2022年,第32页。

爱忘劳"。"慈"字涉注文而衍。"思爱忘劳"与"博施备物"、"尊仁安义"句法皆一例,今正。①

其说可从。"博施备物,可谓不匮矣;尊仁安义,可谓用劳矣;慈爱忘劳,可谓用力矣"一段又见于《礼记·祭义》,孔颖达疏:

> "孝有三"者,"大孝尊亲",一也,即是下文云"大孝不匮,圣人为天子者"也。尊亲,严父配天也。"其次弗辱",二也,谓贤人为诸侯及卿大夫士也,各保社稷宗庙祭祀,不使倾危以辱亲也,即与下文"中孝用劳"亦为一也。"其下能养",三也,谓庶人也,与下文云"小孝用力"为一。②

"孝有三"既对应于天子、诸侯、庶人等不同的身份与阶层,也是指孝的三种层次与境界。孔广森认为"博施备物"指的是"德教加于百姓,行于四海,博施之谓也。四海之内,各以其职来祭,备物之谓也"③,其虽指"王者之孝",但前提却是德行高尚而受四海拥戴,从而贵为天子,因此"大孝"对应的实际上是德行修养的至高境界。

对于子女与父母之间的关系,曾子认为应:"父母爱之,喜而不忘;父母恶之,惧而无怨;父母有过,谏而不逆。"(《曾子大孝》)一方面,尽孝当"谕父母以道"——不论其意为以道劝谕还是导之于正道,子女都不当对父母的过失无动于衷,是谓"以正致谏"。"子曰:'可入也,吾任其过;不可入也,吾辞其罪。'《诗》云'有子七人,莫慰

---

① 王树枏:《校正孔氏大戴礼记补注》,北京:中华书局,2013 年,第 363 页。

② 郑玄注、孔颖达疏《礼记正义》,上海:上海古籍出版社,1997 年,第 1598 页。

③ 孔广森:《大戴礼记补注》,北京:中华书局,2013 年,第 97 页。

母心',子之辞也。'夙兴夜寐,无忝尔所生',言不自舍也。不耻其亲,君子之孝也。"(《曾子立孝》)阮元注曰:

> 此曾子述孔子之言,以证"入忠"之义。"人"当为"入"字之误也。入,纳也,谓纳忠谏于亲也。臧镛堂云:"亲本可纳谏,此吾不能先谕亲于道之过也。若不可纳,此吾忠敬不足动亲之罪也。"元谓辞者,自以为辞。[1]

意为不管父母是"可入"还是"不可入",子女都当致力于自身的心性修养,尽力"不耻其亲",即"不使父母有可耻之行"[2]。另一方面,子女对父母在谏的同时要注意不违背礼制,故而要求"不逆"。若因"父母恶之"或"父母有过"而"怨"或"逆",则违背人子之道。

从根本上说,孝道的抽象理念是"忠之用,礼之贵"(《曾子立孝》)。阮元注:"忠则无伪,故能爱;礼以行爱,故能敬。《孝经》曰:'礼者,敬而已矣。'故敬为孝之要道。"[3]意思是君子立孝要以忠为用,以礼为贵,亦即下文的"忠爱以敬":

> 尽力而有礼,庄敬而安之,微谏不倦,听从而不怠,欢欣忠信,咎故不生,可谓孝矣。尽力而无礼,则小人也;致敬而不忠,则不入也。是故礼以将其力,敬以入其忠,饮食移味,居处温愉,著心于此,济其志也。(《曾子立孝》)

---

① 阮元:《曾子注释》,第30—31页。
② 孔广森:《大戴礼记补注》,第95页。
③ 阮元:《曾子注释》,第29页。

"致敬而不忠",王引之以为当作"致忠而不敬":

> 此承上"微谏不倦"而言。不敬则虽忠,而言不见听,故曰
> "不入"。《内则》云"谏若不入"是也。"致忠"与"尽力"事相
> 类,"不敬"与"无礼"事亦相类。下文"礼以将其力"承"尽力而
> 无礼"言之,"敬以入其忠"承"致忠而不敬"言之。然则今本作
> "致敬而不忠"者误也。①

王树枏从其说:"王说是也。'尽力而无力',质而不文者也,故曰
'小人'。'致敬而不忠',华而不实者也,故曰'不入'。两义正相
足。"②忠以爱,是以"以正致谏"、"不耻其亲";敬以礼,故而"不
逆"。忠与礼,一者偏重于内在的爱的情感,一者偏重于外在的礼
仪规范,两者缺一不可。当然,如何在忠与礼之间折中权衡,实现
谏而不争、谏而不逆,是孝子之道的难点与关键所在:

> 父母之行,若中道则从;若不中道则谏,谏而不用,行之如
> 由己。从而不谏,非孝也;谏而不从,亦非孝也。孝子之谏,达
> 善而不敢争辨。争辨者,乱之所由兴也。由己为无咎则宁,由
> 己为贤人则乱。孝子无私乐,父母所忧忧之,父母所乐乐之。
> 孝子唯巧变,故父母安之。若夫坐如尸,立如齐,弗讯不言,言
> 必齐色,此成人之善者也,未得为人子之道也。(《曾子事父
> 母》)

---

① 王引之:《经义述闻》,南京:江苏古籍出版社,1985年,第281页。
② 王树枏:《校正孔氏大戴礼记补注》,第360页。

"成人之善"但以达善为行事之根本目标,"人子之道"固不能无视父母之善否,但亦须同时顾及亲情,因而需要讲究时机、技巧,在达善之中行孝、行孝以达善。

曾子孝道的突出特征之一是强调"全身而归"。《曾子大孝》载乐正子春闻之于曾子,而曾子闻诸孔子曰"天之所生,地之所养,人为大矣。父母全而生之,子全而归之,可谓孝矣;不亏其体,可谓全矣",因此"君子一举足不敢忘父母,一出言不敢忘父母。一举足不敢忘父母,故道而不径,舟而不游,不敢以先父母之遗体行殆也。一出言不敢忘父母,是故恶言不出于口,忿言不及于己。然后不辱其身,不忧其亲,则可谓孝矣"。子女之身为父母之遗体,并不属于自己,故当对父母负责,需洁身自好,尽力远离危险与不法之事以免让父母担忧、给父母带来羞辱。《曾子本孝》载曾子曰:

> 忠者,其孝之本与!孝子不登高,不履危,痹亦弗凭,不苟笑,不苟訾,隐不命,临不指,故不在尤之中也。孝子恶言死焉,流言止焉,美言兴焉,故恶言不出于口,烦言不及于己。故孝子之事亲也,居易以俟命,不兴险行以徼幸。孝子游之,暴人违之。出门而使不以,或为父母忧也。险涂隘巷,不求先焉,以爱其身,以不敢忘其亲也。

因事亲、不忘亲而谨言慎行,可见孝子之道有助于提升个人的道德素养。另据《论语·泰伯》载,曾子有疾,召门弟子曰:"启予足,启予手。诗云:'战战兢兢,如临深渊,如履薄冰。'而今而后,吾知免夫小子。"曾子有疾,孟敬子问之,曾子言曰:"鸟之将死,其鸣也哀,人之将死，其言也善。君子所贵乎道者三：动容貌，斯远暴慢矣；正颜色，斯近信矣；出辞气，斯远鄙悖矣。笾豆之事，则有司存。"有学者认为前句言"守死"，后句言"善道"："守死'言曾子之孝'，善道言曾子之仁"："检视身体、踏上归途之守死是对死亡的接纳，因而守死指涉修身的外延；人之将死，尚能'动容貌'、'正颜色'、'出辞气'，此之善道是对生命的坚持，因而善道指涉修身的内涵。"①对曾子而言，"全身而归"不仅是孝道的要求，也是修身的一个重要体现，可以说，曾子通过其对孝道的主张与自身的终身践行，对儒家仁孝关系以及如何由孝而仁的实践路径作了一个生动而完善的展现与说明。

曾子孝道的另一突出特征是主张因孝而治。《曾子立孝》云：

> 是故未有君而忠臣可知者，孝子之谓也；未有长而顺下可知者，弟弟之谓也；未有治而能仕可知者，先修之谓也。故曰孝子善事君，弟弟善事长。君子一孝一弟，可谓知终矣。

《论语·先进》载：子路使子羔为费宰，子曰："贼夫人之子。"子路曰："有民人焉，有社稷焉。何必读书，然后为学。"子曰："是故恶夫佞者。"子路认为可以在具体的处理人际关系与行政事务中获得知识，而不必经由读书然后才能出仕，孔子则予以严厉的批评，认为为学、修身是出仕的前提条件。《大学》亦以修身为齐家、治国、平天下的基础。与在《大学》中所表达的看法相一致，曾子认为只有

---

① 唐根希：《守死善道："曾子有疾"两章解读》，《孔子研究》2013 年第 5 期，第 17、11 页。

在家孝于父母、悌于兄长才能忠于君主、顺于长上，观其在家中所为即知其出仕可能之表现：

> 事父可以事君，事兄可以事师长；使子犹使臣也，使弟犹使承嗣也。能取朋友者，亦能取所予从政者矣；赐与其宫室，亦犹庆赏于国也；忿怒其臣妾，亦犹用刑罚于万民也。（《曾子立事》）

这种观念在《孝经·广扬名章》中亦有明确的表达："君子事亲孝，故忠可移于君；事兄悌，故顺可移于长；居家理，故治可移于官。"对此钟肇鹏先生称之为"孝治"，认为曾子创立了孔子之后儒家的"孝治派"："儒家孝治派不仅以孝为一切道德的根本，并且以孝统帅一切伦理道德。孝不只是个人行为和治理家庭的准绳，也是行政治国的基本指导原则。"①

四、曾子的修身之道

尽管曾子发展了孔子的孝道学说并将孝推崇到无以复加的地步，但其理论重心无疑还是仁。据《论语·泰伯》载，曾子曰："士不可以不弘毅，任重而道远。仁以为己任，不亦重乎？死而后已，不亦远乎？"士当以仁为己任并终身践行不已，可谓任重道远。在"曾子十篇"中，曾子也高度强调仁、义或仁义的价值，以仁与义作为道德修养的终极目标与言行举止的最高准则，如谓"君子爱日以学，

---

① 钟肇鹏：《曾子学派的孝治思想》，《孔子研究》1987 年第 2 期，第 55 页。

及时以行,难者弗辟,易者弗从,唯义所在"(《曾子立事》)、"故士执仁与义而明,行之未笃故也,胡为其莫之闻也"(《曾子制言上》)、"负耜而行道,冻饿而守仁,则君子之义也"(《曾子制言中》)、"是故君子思仁义,昼则忘食,夜则忘寐,日旦就业,夕而自省,以役其身,亦可谓守业矣"(《曾子制言中》)等。对仁道的追求应超越于个人名、利等利益诉求与生命安全之上:"富以苟,不如贫以誉;生以辱,不如死以荣。辱可避,避之而已矣;及其不可避也,君子视死若归。"(《曾子制言上》)

曾子认为,修身的根本途径在于学。《曾子制言上》载:

> 弟子问于曾子曰:"夫士何如则可以为达矣?"曾子曰:"不能则学,疑则问,欲行则比贤,虽有险道,循行达矣。今之弟子,病下人,不知事贤,耻不知而又不问,欲作则其知不足,是以惑暗,惑暗终其世而已矣,是谓穷民也。"

所谓"达",在此应主要指达道,而不仅指人生之通达。只有学才能弥补自身的不足,以贤为师、循道而行才能达于至道,困而不学就终生只能是"惑暗"之"穷民"。当然,在儒家看来,学不仅仅是知识之学,更是德性之学,曾子曰:"君子攻其恶,求其过,强其所不能,去私欲,从事于义,可谓学矣。"(《曾子立事》)学是一个不断遏止恶念、省求过失、节制私欲、突破自我的过程。就德性之学而言,知行应当合一,所谓"爱日以学,及时以行":狭义的"学"指知识的获得,就此而言行高于知,所谓"微言而笃行之";广义的"学"则包括"行",即终生全过程的洒扫应对、去就俯仰乃至安身立命,就此而言学又兼行:

> 君子既学之,患其不博也;既博之,患其不习也;既习之,患其无知也;既知之,患其不能行也;既能行之,贵其能让也。君子之学,致此五者而已矣。(《曾子立事》)

只有对自己之"不知"有所"耻",进而问以学,才能"循行达"也。对求道之士而言,耻是一个必要且可贵的品德,曾子曰:

> 故君子不贵兴道之士,而贵有耻之士也。若由富贵兴道者,与贫贱,吾恐其或失也;若由贫贱兴道者,与富贵,吾恐其赢骄也。夫有耻之士,富而不以道,则耻之;贫而不以道,则耻之。(《曾子制言上》)

兴道之士有可能是因为外在的环境而追求道,一旦境域有所变迁,其兴道之心便可能产生变化而无法坚持,只有有耻之士才会始终如一、坚持不懈。

有学者认为"儒家心性工夫的建立者,正是与《大学》《中庸》有密切关系的曾子与子思",曾子的思想"偏重于内在道德修养的一面,有其重视反身内省的工夫和由孝道切入的修养",其功夫论"具有极强的内在化倾向"。[①] 这一评价可以说是相当贴切的。孔子主张"为仁由己"、"欲仁斯至",应该说奠定了儒家心性修养的基本方向,曾子则强化此一倾向并力图探索一可行的实践路径。

---

① 王正:《儒家心性工夫论之建立——曾子与子思的工夫论》,《河北师范大学学报》2015 年第 1 期,第 24—25 页。

曾子的工夫论特点，一是强调立志。曾子曰：

> 言不远身，言之主也；行不远身，行之本也。言有主，行有本，谓之有闻矣。君子尊其所闻，则高明矣；行其所闻，则广大矣。高明广大，不在于他，在加之志而已矣。（《曾子疾病》）

想要高明广大，关键在于"志"，人只有以道德意志克服先天的私欲与惰性才能修身行道。志于仁、志于义即确立道德主体，进而以理性指导人生，即所谓"虑胜气，思而后动，论而后行"（《曾子立事》），主体不立则外在行为亦失去其独立价值，对此君子当心存警惕："多知而无亲，博学而无方，好多而无定者，君子弗与也。……呕达而无守，好名而无体，……君子弗与也。"（《曾子立事》）对于那些多知、博学、好多之士，若不能明确自身所努力的方向、无法挺立道德主体，曾子对此是不认可的。就曾子自身而言，孟子认为他有"自反而不缩，虽褐宽博，吾不惴焉；自反而缩，虽千万人，吾往矣"（《孟子·公孙丑上》）的"大勇"，这种"大勇"实际上就是因为他矢志于仁义所产生的道德自信。

二是推崇内省工夫。《论语·学而》记载了曾子的三省工夫："吾日三省乎吾身，为人谋而不忠乎？与朋友交而不信乎？传不习乎？""为人谋"与"与朋友交"侧重于人际交往中自身是否笃实、诚信，"传不习乎"侧重于是否将所学充分践行开来，三者都是于内在心灵上做工夫，只有不断反省才能不断进步。所谓"守业"即需"日旦就业，夕而自省思，以殁其身"（《曾子立事》），白天努力学习、积极践行，晚上则要认真省思自己这一天的所作所为，这种方法要坚持终生。在这种日积月累不间断的工夫之下，个人必然能够有所得、有所立。

三是看重细节。曾子认为"祸之所由生,自纤纤也",是以君子当"患难除之,财色远之,流言灭之"以"夙绝之"(《曾子立事》)。灾祸常萌生于纤毫之间,因而每个人都应当谨小慎微、防微杜渐以免陷自身于囹圄之际、置父母于忧虑之中。在生活中遇到各种问题均要考虑其可能带来的后果、三思而后行,对于善事要积极践行、对不善之事应避而远之:"君子祸之为患,辱之为畏;见善恐不得与焉,见不善恐其及己也,是故君子疑以终身。""君子见利思辱,见恶思诟,嗜欲思耻,忿怒思患,君子终身守此战战也。"(《曾子立事》)"疑"、"慎"或"惕惕"、"惮惮"、"勿勿"、"战战"等词充分说明了曾子在修身上小心谨慎的态度。对于不善应保持警醒,否则便可能以小及大、逐渐迷失自我而罹于灾祸,因此最好在源头即"心"上就扼杀恶念,是所谓"太上不生恶":"君子之于不善也,身勿为,可能也;色勿为,不可能也。色也勿为,可能也;心思勿为,不可能也。……是故君子出言以鄂鄂,行身以战战,亦殆勉于罪矣。"(《曾子立事》)当然,上述三个方面之间的关系错综复杂,是无法截然相分的。

从总体上看,曾子的修身工夫强调应内外或身心合一。曾子很重视"礼",曰:"夫行也者,行礼之谓也。夫礼,贵者敬焉,老者孝焉,幼者慈焉,少者友焉,贱者惠焉。此礼也,行之则行也,立之则义也。"(《曾子制言上》)王聘珍注:"《聘义》曰:'众人之所难而君子行之,故谓之有行。'又曰:'所贵于有行者,贵其行礼也。'"[1]君子之所以"有行",正在于其能行礼。"礼"既具有维护等级尊卑、长幼有别的政治与社会功能,行"礼"能够杜绝人们"犯其上,危其下",

---

① 王聘珍:《大戴礼记解诂》,第89页。

即危害社会秩序；同时又能避免"衡道而强立之"，是人们言行举止所当遵循的客观规范。

相对于外在的礼仪规范而言，曾子更看重"礼"所对应的内在道德心性，如前引君子之孝应"忠爱以敬"："尽力无礼，则小人也；致敬而不忠，则不入也。是故礼以将其力，敬以入其忠，饮食移味，居处温愉，著心于此，济其志也。"（《曾子立孝》）"礼"之外尚需"忠"，只有"著心于此"即深怀忠爱之心才能成就其孝于父母之志，没有内在的感情支撑而只是在表面上或礼数上尽孝，那就是小人之礼。

同时，在言行关系上，曾子主张言行一致："可言而不信，宁无言也。""不能行而言之，诬也。"（《曾子立事》）他认为人应慎言慎行，言必可信，言必可行，行必可言，任何言语或行为都要经过反复检验："行必思言之，言之必思复之，思复之必思无悔言，亦可谓慎矣。"（《曾子立事》）又曰："人信其言，从之以行；人信其行，从之以复；复宜其类，类宜其年，亦可谓外内合矣。"（《曾子立事》）"复"是反复实践的意思，一次的成效是不够的，只有反复加以验证、经年累月不断践行才行，这种使思想、言语、行为高度统一起来就叫"外内合"。所谓"言者行之指也，作于中则播于外也"（《曾子立事》），言与行一者为中、一者为外，言行一致实际上就是要求内外如一，外在的行为规范与内在的心志、道德修养缺一不可，这一点与孝道上"忠爱以敬"是一样的。

尽管曾子的思想有"内化"的倾向，但并不意味着他仅仅关注个人的内心世界。相反，曾子相当注意人与人之间的关系。《论语·雍也》中孔子对仁者的定义是"己欲立而立人，己欲达而达人"，己身之修固然重要，但对于积极入世的儒家而言，"立人"、"达人"也是实现道德至世的必然诉求,对此孟子概括为"穷则独善其身,达则兼济天下"(《孟子·尽心上》)。曾子曰:"君子己善,亦乐人之善也;己能,亦乐人之能也;己虽不能,亦不以援人。"(《曾子立事》)己善、己能,故亦欲他人之善、他人之能,己虽有善,但不应以此沽名钓誉,"人知之则愿也,人不知,苟吾自知也";对于他人之为不善,亦当恶之。故而曾子曰:"君子好人之为善而弗趣也,恶人之为不善而弗疾也。疾其过而不补也,饰其美而不伐也,伐则不益,补则不改矣。"(《曾子立事》)"趣"有"取"之义,《庄子·天地》"五曰趣舍滑心"成玄英疏:"趣,取也。"①"取"者"求"也,《易·蒙》"勿用取女"焦循章句:"取犹求也。"②"疾",孔广森补注:"谓恶之已甚。"③该句意为:君子喜欢别人为善而无所求,厌恶别人为不善而不知改过。不喜欢自身的缺失且不加弥缝、文饰,增修自身的优点而不自矜自夸。如果自我矜夸,就不会再有进步;如果弥缝过失,就不会加以改正。在与他人相处中,当注重自身的德行、避免猜忌他人,同时包容、鼓励他人改过向善:"君子不先人以恶,不疑人以不信;不说人之过,而成人之美;存往者,在来者;朝有过夕改则与之,夕有过朝改则与之。"(《曾子立事》)

除却家庭教育之外,社会环境即与他人的相处、互动是个人成长及德性培塑中无可回避的一个重要过程,故曰"人非人不济,马非马不走,土非土不高,水非水不流"(《曾子制言上》)。《论语·颜渊》载曾子:"君子以文会友,以友辅仁。"朋友之间的切磋琢磨对于砥砺德性而言是不可或缺的,因此要谨慎选择身处的环境和结

---

① 郭象注、成玄英疏:《庄子注疏》,北京:中华书局,2011年,第245页。

② 焦循:《易学三书》,李一忻点校,北京:九州出版社,2003年,第391页。

③ 孔广森:《大戴礼记补注》,第87页。

交的朋友：

> 与君子游，苾乎如入兰芷之室，久而不闻，则与之化矣；与
> 小人游，贷乎如入鲍鱼之次，则与之化矣。是故，君子慎其所
> 去就。与君子游，如长日加益而不自知也；与小人游，如履薄
> 冰，每履而下，几何而不陷乎哉！（《曾子疾病》）

但不管是选择侍奉服务的君长、共事的同僚还是相处的朋友，仁义
都是衡量与抉择的基本标尺——"吾不仁其人，虽独也，吾弗亲也"
（《曾子制言中》），即便自身孤独无依，也不要去亲近不仁之人；"凡
行不义，则吾不事；不仁，则吾不长"（《曾子制言下》），对于不仁不
义之士要敬而远之。当然，前提是自身持守仁义而为君子，如此就
能四海之内皆兄弟，反之就会为别人所厌恶："且夫君子执仁立志，
先行后言，千里之外，皆为兄弟。苟是之不为，则虽汝亲，庸孰能亲
汝乎！"（《曾子制言上》）

五、曾子的宇宙观

对于《曾子天圆》篇，阮元云："此篇言圣人察天地阴阳之道，制
礼乐以治民，所言多《周易》《周髀》《礼经》、明堂月令之事。"[1]因孔
子未曾道"阴阳"，且该篇内容与前面数篇显得格格不入，学者多怀
疑其是否为曾子所作，如汪中云："此篇疑非《曾子》本书。"汪喜孙

---

[1] 阮元：《曾子注释》，第59页。

案："先君此语必自有说。今不可知。"①金德建先生则怀疑该篇作者为淮南王的门客。② 陈荣捷认为该篇说到天圆地方，更涉及幽明、阴阳、神明、龙凤龟火，和第二代儒家的言论绝不相同，恐怕是后起的资料。③ 汪中所据为何今不可得而知，金德建先生之依据则在于其内容与《淮南子》近乎相同：

> 天道曰圆，地道曰方；方者主幽，圆者主明。明者吐气者也，是故火日外景；幽者含气者也，是故水日内景。吐气者施，含气者化，是故阳施阴化。（《淮南子·天文训》）

然其与先秦其他典籍亦有类同，如"明者，吐气者也，是故外景；幽者含气者也，是故内景。故火日外景，而金水内景"与《荀子·解蔽》"故浊明外景，清明内景"、"天道曰圆，地道曰方，方曰幽而圆曰明"与《吕氏春秋·圜道》"天道圆，地道方，圣人法之，所以立上下"均有相似之处，因此难以据此否定其成书年代及其与曾子思想的关系。进一步说，孔子虽然未曾明确论及阴阳，但马王堆帛书《二三子问》、《要》等篇的资料表明，孔子早年对《易》似有微词却"老而好《易》，居则在席，行则在囊"④，而"《易》以道阴阳"（《庄子·天下》）应是时人普遍之认知。可能稍后于"曾子十篇"的郭店楚简《语丛一》明确地说："易，所以会天道人道也。"《六德》篇则云："故

---

① 汪中：《新编汪中集》，田汉云点校，扬州：广陵书社，2005年，第78页。
② 金德建：《〈曾子天圆〉的述作考》，《中国哲学史研究》1986年第3期。
③ 陈荣捷：《初期儒家》，《史语所集刊》1976年47本4分，第730页。
④ 赵建伟：《出土简帛〈周易〉疏证》，台北：万卷楼图书有限公司，2000年，第268页。

夫夫、妇妇、父父、子子、君君、臣臣,六者各行其职,而讪夸无由作也。……观诸《易》、《春秋》,则亦在矣。"①可见其时儒家的人伦观念已然与《易》之间建构起了理论联系。同时《论语·宪问》明确记载曾子曰:"君子思不出其位。"该句实即《易·艮·象传》所载的"兼山,《艮》。君子以思不出其位",可见曾子与《易传》关系密切。以此观之,则《曾子天圆》极有可能即曾子或其弟子的作品,其出现在"曾子十篇"中也就不会显得突兀了。该篇实即曾子的宇宙论,其内容涵摄阴阳、气、圣人与人伦道德等方方面面。

首先,曾子认为阴阳之气来源于天地。他借助孔子的话说:

> 天道曰圆,地道曰方,方曰幽而圆曰明。明者,吐气者也,是故外景;幽者含气者也,是故内景。故火日外景,而金水内景。吐气者施,而含气者化,是以阳施而阴化也。

"明"有光明之义,它的特点是往外施,如同光往外照亮别人;幽有幽深之义,它的特点是往内含、吸收外在的光亮。曾子在此借助火日以说明阳气的特点,以金水说明阴气的属性,阴与阳一者主施,表主动;一者主化,表被动。需要注意的是,这里的阴阳指事物的属性,只是未曾明确将世界万物分为阴阳二类,诚如罗新慧教授所言:

> 曾子虽然没有明确说明火日之类与日同为阳,金水之类与地同为阴,没有将阴阳概念扩充为一切具有相对属性的事

---

① 刘钊:《郭店楚简校释》,福建人民出版社,2005 年,第 181、108—109 页。

物,但是这种概念是蕴含于其意识之中的。[①]

此外,阴与阳实际上就是天与地的特征,不过曾子并没有将其与尊卑等观念相结合。

其次,曾子认为阴阳及其和合、争胜构成了自然世界的发展、变化。曾子曰:

> 阴阳之气各静其所,则静矣,偏则风,俱则雷,交则电,乱则雾,和则雨。阳气胜则散为雨露,阴气胜则凝为霜雪。阳之专气为雹,阴之专气为霰。霰雹者,一气之化也。

尽管阴阳二气有主动被动之别,但二者的地位却没有主次之分,而是相互平等而又相互影响的。阴阳如果各安其处就会显现出平静的状态,偏于一方就会起风,双方争胜就会打雷,相互交感就会产生闪电,散乱就会起雾,和合就会下雨,因此自然气象的种种变化是因阴阳二气的互动与消长而产生的。

再其次,曾子明确指出人是阴阳之气的精华。曾子曰:

> 毛虫毛而后生,羽虫羽而后生,毛羽之虫,阳气之所生也;介虫介而后生,鳞虫鳞而后生,介鳞之虫,阴气之所生也。唯人为倮匈而后生也,阴阳之精也。毛虫之精者曰麟,羽虫之精者曰凤,介虫之精者曰龟,鳞虫之精者曰龙,倮虫之精者曰圣人。

---

① 罗新慧:《曾子思想与阴阳学说》,《管子学刊》1996 年第 3 期,第 68 页。

卢辩注曰："人受阴阳纯粹之精,有生之贵也。凡倮虫,则亦兼阴阳气而生也。"①毛虫与羽虫由阳气所生,介虫与鳞虫由阴气所生,麟、凤、龟、龙各为其精华。人由"阴阳之精"而成,圣人则是其精华之精华。《曾子大孝》曰："天之所生,地之所养,人为大矣。"人为天地之贵是战国儒家普遍的看法,《孝经·圣治章》明确地说"人为贵",郭店楚简《语丛一》亦曰："夫天生百物,人为贵。"人是天地之间最为尊贵的生物,圣人则是人的完美典范,是以麟、凤、龟、龙皆役于圣人,"是故圣人为天地主,为山川主,为鬼神主,为宗庙主",其中隐然包含百姓应以圣人为楷模、切实遵从圣人之治的意思。

最后,曾子认为世界万物及人伦秩序、礼乐道德皆源生于阴阳之气,人世间的治乱臧否也受其影响。曾子曰："阳之精气曰神,阴之精气曰灵。神灵者,品物之本也,而礼乐仁义之祖也,而善否治乱所兴作也。""品"即"众"之义,万物及人类社会的道德仁义、礼乐秩序都来源于阴阳精气,而且阴阳精气的变化会直接影响到人类社会的治乱兴衰。这里需要注意的是,首先,"品物之本"与"礼乐仁义之祖"乃"神灵"即"阳之精气"与"阴之精气"而非普通的阴阳之气,因而"本"与"祖"或为源头、或为典范、理念之义。其次,将"善否治乱"归结为阴阳之精气的作用而非人类自身的道德水准及其治国策略,这一点在早期儒家的天人观中值得重视。不过,《曾子天圆》接下来又说:

　　　　圣人慎守日月之数,以察星辰之行,以序四时之顺逆,谓

---

① 孔广森:《大戴礼记补注》,第111页。

之历;截十二管,以宗八音之上下清浊,谓之律也。律居阴而治阳,历居阳而治阴,律历迭相治也,其间不容发。圣人立五礼以为民望,制五衰以别亲疏,和五声以导民气,合五味之调以察民情,正五色之位,成五谷之名。……此之谓品物之本,礼乐之祖,善否治乱之所由兴作也。

圣人通过对"日月之数"与"星辰之行"的观察与模仿,制定律吕以治阴阳、设立"五礼"、"五衰"、"五声"、"五味"等来导民情、治民性。曾子最后对此总结道:"此之谓品物之本,礼乐之祖,善否治乱之所由兴作也。"因此曾子之意也可能是在说"善否治乱"与"礼乐仁义"之间的关系,因为"礼乐仁义"是对天地之道、阴阳之气的体悟与模仿,故而具有正当性与权威性,对"礼乐仁义"的态度可能导致对应的"善否治乱",故需谨而慎之。

将儒家思想与阴阳学说相结合,从宇宙论的角度对人尤其是圣人的崇高地位、礼乐仁义的权威性予以说明,曾子思想可以说开儒家思想之先河,罗新慧教授认为这是曾子"适应社会形势需要而提出的",她说:

> 曾子将阴阳学说引入儒家的思想体系,这就从根本上捍卫了儒家学说,指出需要从阴、阳所代表的宇宙观中去寻求人类社会礼法的根本点,并且进而导出阴阳变化为"本",而礼乐仁义是其衍变的体现这一重要结论。[1]

---

[1] 罗新慧:《曾子思想与阴阳学说》,《管子学刊》1996 年第 3 期,第 70 页。

当然,曾子对于人如何效法天道或阴阳之道还缺乏细致的理论阐述,对此刘光胜教授指出:

> 《曾子天圆》只讲天道下行,不讲知天、效天,一方面说明曾子的天人观形成较早,较为原始,另一方面天道下行是知天、效天的前提和基础,说明《曾子天圆》天人观正是《论语》到郭店儒简的中间环节。孔子讲天道,也讲人性,但很少涉及宇宙生成的具体情形,而《曾子天圆》不囿于孔子的理论束缚,用阴阳二气讲天地之道的流布、宇宙的生成,从本源上确认人的崇高地位,基于圣人观念来解释人类社会礼乐秩序的形成,是对《论语》天人理论的重要突破和发展。①

---

① 刘光胜:《〈曾子〉十篇思想内涵新论》,《人文杂志》2011 年第 1 期,第 26 页。

曾子立事

曾子曰:"君子攻其恶,求其过[1],强其所不能[2],去私欲,从事于义[3],可谓学矣。"

[1]"君子攻其恶,求其过":卢辩注:"'攻其恶',计其失。'求其过',省其身。"王聘珍云:"攻,治也。恶,不善。求,索也。过,失也。恶匿于心,非攻则不去。过出于身,不求或不知。""攻"有"治"之意,如《论语·为政》"攻乎异端",何晏注:"攻,治也。"《左传·襄公十五年》"使玉人为之攻之"杜预注亦训"攻"为"治"。"攻"又有"击"之意,《论语·先进》"小子鸣鼓而攻之"刘宝楠正义引《说文》训之为"击"。《战国策·秦策一》"宽则两军相攻"高诱注亦曰"击"。《孟子·离娄上》"小子鸣鼓而攻之可也"焦循正义则谓之"伐"。这里"其"指"己","攻"训为"击"或"伐"指意更为明晰。

[2]"强其所不能":王聘珍曰:"强,勉也。""强",《尔雅·释诂下》释为"勤"。《孟子·尽心上》"强恕而行"焦循正义引《淮南子·修务训》高诱注曰"勉",朱熹集注则谓之"勉强"。《大戴礼记·保傅》"饱而强"卢辩注与《大戴礼记·子张问入官》"虽服必强也"王

聘珍解诂均训"强"为"勉强"。阮元谓"强其所不能"曰："不能者，难学之事；强，勉强也。"此处作"勉强"应更切当。

[3]"去私欲，从事于义"：王聘珍曰："私欲，情欲也。从事于义者，闻义则徙也。"以"私欲"为"情欲"，或过于偏狭。阮元注："去私欲，徙义，公也。故学无私党，不是其所能，攻所不能。"依其意，"去私欲"乃就学习之内容与态度而言，非就学习之外的为人与处世立说，则其所谓"学"或过于偏狭，而儒家之学显然兼包知与行。又，《论语》多以"义"为君子之良好品德并与小人形成鲜明对照，此处与"义"相对之"欲"不仅指"情欲"，也包括私心与过度的物欲等欲求。

曾子说：君子应当殄灭自己的不善，省求自身的过失，勉力做好那些难做之事，去除私欲，以义作为自己努力的方向，这可以说是"学"了。

君子爱日以学，及时以行[1]，难者弗辟，易者弗从（纵）[2]，唯义所在，日旦就业，夕而自省[思]，以殁其身[3]，亦可谓守业矣。

[1]"爱日以学，及时以行"：王聘珍曰："爱，惜也。爱日以学，恐玩时弃日也。及时，谓随时也。行，谓行其所学。《易》曰：'君子

进德修业，欲及时也。'又曰：'君子以成德为行，日可见之行也。'"
"爱"，"惜"也，爱惜、珍惜之意，《吕氏春秋·长利》"不足爱也"高诱
注："爱亦惜也。""日"泛指时间。"及时"，阮元认为指"及少壮时
也"："知少壮时者，本篇云：'三十、四十之间而无执，则无执矣。五
十而不以善闻，则无闻矣。'""及时"当意为"随时"，不过并非指"时
时"，而是指跟随时代、时势之意，即因时、应时。

[2]"难者弗辟，易者弗从（纵）"：王聘珍曰："弗避，不畏难。
弗从，不苟安。《论语》曰：'无适也，无莫也，义之与比。'""从"作
"苟安"解似无据。阮元谓："学者患求高名而畏避难能之事，故君
子苟知义之所在，虽难必勉强行之，若事易行而可立虚名者，君子
不为也。""唯义所在"便当不拘难易，若事轻易即不为显然违背了
这一精神，故而其说更难从。高明先生认为："这句是说，遇到轻易
的不苟从，也就是很谨慎的意思。"[1]相较而言，"从"释为"苟从"应
更合理，然于理犹有未安处："易者"又何谓苟从？"从"或疑读为
"纵"，《论语·八佾》"从之，纯如也"何晏集解、邢昺疏均云："从，读
曰纵。"《汉书·晁错传》"非以忿怒妄诛而从暴心也"颜师古注、《逸
周书·命训》"赏不从劳"朱又曾《逸周书集训校释》等亦如之。"易
者弗从"意为不因其事易而轻忽、放纵。

[3]"日旦就业，夕而自省[思]，以殁其身"：王聘珍曰："《尔
雅》曰：'就，成也。业，事也。省，察也。'殁身，谓终身也。《表记》
曰：'俛焉日有孳孳，毙而后已。'"阮元注："《曲礼》曰：'所习必有
业。'"并释曰："《文选·闲居赋》注引此二句无'日'字，《群书治要》
'旦'作'且'，今不从。"孙诒让曰："孙校云：'疑省字句，"思"字属下

---

① 高明注译：《大戴礼记今注今译》，台湾商务印书馆，1977 年，第 139 页。

读。'赵校云:《文选·风赋》注引作'君子旦就业,夕而自省也'。孙读是。案:阮元《曾子注释》读同。案'思'疑是衍文,后《制言中》篇亦云:'日旦就业,夕而自省,以殁其身。'无'思'字,可证。""思"字有两种解法:一是以"思"字为衍文;二是以"思"字连下读,如阮元断为"思以殁其身"并注曰:"思将终身行之,若子路终身诵之是也。"两种观点都说得通,唯"思"字连上作"省思"则不当。不过,从上下文句式来看,"思"当为衍文。《论语·述而》记载曾子说"吾日三省吾身",可见曾子主张时时反躬自省,"以殁其身"是谓君子当终身秉持此一做法。

　　君子要珍惜时间以学习,及时(因应时代)践行所学的知识,遇到困难之事不畏避,遇到轻易之事也不轻忽,只以"义"作为最高的行为准则。早晨开始学习,傍晚则省思自己全天的言行,坚持这一做法以至于终身,也可以称为守业了。

　　君子学必由其业[1],问必以其序[2],问而不决,承间观色而复之[3],虽不说亦不强争也[4]。

注

　　[1]"学必由其业":卢辩注:"故业必请之。"孔广森补注:"不攻异端也。""业",本意为大版,《说文》:"业,大版也,所以饰悬钟鼓,捷业如锯齿,以白画之,象其锄铻相承也。"王聘珍曰:"《学记》

曰:'时教必有正业。'孔疏云:'正业,谓先王正典。'"其说大致可通,只是与下句"问必以其序"之间并不严格对应。"业"有"始"、"本"之意:《广雅·释诂一》谓"业,始也";《史记·司马相如列传》"业已建之",司马贞索隐谓"业者,本也"。"业"又有"次第"、"次叙"之意:《尔雅·释诂上》:"业,叙也。"《广韵·业韵》:"业,次也。"《国语·晋语四》"则民从事有业"韦昭注:"业,犹次也。"此处"业"与"序"相对,训为"本"、"始"或者"次"、"叙"皆可通,①只是解为"次"或"叙"便与下句的"序"重复。

[2]"问必以其序":"序",次、次序也。《礼记·中庸》"所以序昭穆也"郑玄注:"序,犹次也。"故"序"有先后次第之意,《周礼·春官·小宗伯》"掌四时祭祀之序事与其礼"孔颖达疏:"谓次第先后。""问必以其序"意为求教当循序渐进、讲究先后次序,如王聘珍所云:"必以其序,谓不躐等也。"

[3]"承间观色而复之":卢辩曰:"复,白也。"王聘珍曰:"间,间隙。观色者,不干逆色也。复之,再问也。"孔广森补注同王聘珍。阮元曰:"《曲礼》曰:'请业则起。曾子问王言,孔子不应。曾子惧,肃然抠衣下席曰:"弟子知其不孙也,得夫子之间也难,是以敢问也。"孔子不应。曾子惧,退,负序而立,孔子曰:"参,语可与明王之道与?"曾子曰:"不敢以为足也,得夫子之间也难,是以敢问。"'此承间复问之义也。"案,"复"训为"白"其意不明,"复"谓"反复",实即王聘珍所谓的"再问"之意,《汉书·董仲舒传》"乐而不乱,复而不厌者"颜师古注:"复,谓反复行之也。"

---

① 罗新慧解"业"为"专业":"这里的业指专业,而非泛指的学问。"见罗新慧:《曾子研究——附〈大戴礼记〉"曾子"十篇注释》,商务印书馆,2013年,第244页。

[4]"虽不说亦不强争也":卢辩注:"虽不说,未解,不强争。"王聘珍曰:"说,解也。争,辨也。"孔广森曰:"说,如相说以解之说。"此处有二解:一者,"不说"指师不再说,"不强争"即不再争取或争辩,意思是当老师不愿意说就不再勉强;二者,"不说"意为"不悦","争"为"争辩",意思是自己虽然不同意老师的说法,但出于尊重也不应与之争辩。两说皆可通。

译

君子学习必须从根源处开始,问学请教必须循序渐进。请教之后疑问未能解决,就应当抓住间隙、观察老师的辞色,再向老师请益。即便不认同老师的说法,也不当与之争辩。

君子既学之,患其不博也;既博之,患其不习也;既习之,患其无知也[1];既知之,患其不能行也;既能行之,贵〔患〕其〈不〉能〈以〉让也[2]。君子之学,致此五者而已矣。

注

[1]"君子既学之,患其不博也;既博之,患其不习也;既习之,患其无知也":王聘珍云:"博,广也。习,温习也。《论语》曰:'君子博学于文。'又曰:'学而时习之。'知,谓心知其义也。《论语》曰:'温故而知新。'行,谓身体其事也。"孔广森补注:"习者温故,知者知新。""博"普遍训为"广",如《论语·雍也》"君子博学于文"皇侃

疏，《论语·子罕》"博学而无所成名"皇侃疏、《论语·子张》"博学而笃志"邢昺疏均如是。《荀子·修身》亦云："多闻曰博。"阮元训"博"为"大通"，并且指出："孔门论学首在于博。孔子曰：'君子博学于文，约之以礼。'达巷党人以博学深美孔子。孔子又曰：'博学之，审问之。'颜子曰：'夫子循循然善诱人，博我以文，约我以礼。'子夏曰：'博学而笃志。'孟子曰：'博学而详说之。'故先王遗文，有一未学，非博也。曾子博学，罕可见知。然如今《仪礼》十七篇，儒者已苦难读。曾子时礼经在鲁，篇弟必十倍于今，而《曾子问》一篇，皆穷极变礼，非曾子不能问，非孔子不能答。然则正礼无不学习可知，此博学可窥之一端。故圣贤之学，不避难以就易，不避实以蹈虚，故颜、曾文学之博，同于游、夏，但不以此成名，与孔子同。故曾子聪明睿智，惟孔子可称为'鲁'。""习"，据《说文》，原意为"数飞"，此处应指"温习"，孔广森注："习者，温故。""知"者并非指普通的"知道"，因为在"学之"与"博之"必然已涉及"知"，是以此处的"知"应如孔广森所云，指"知新"，即《论语·为政》所谓的"温故而知新"。

[2]"既能行之，贵[患]其〈不〉能〈以〉让也"：此句因与前文句式不合，学者疑其有误，如阮元据《群书治要》改为"患其不能以让也"。王念孙亦曰："'贵其能让也'，本作'患其不能以让也'。篇内五'患其'文义相承，此句不当独异。'患'与'贵'上半相似，因讹而为'贵'，后人不得其解，因删去'不'字'以'字耳。卢注言'以己能而竞于人'，则正文有'以'字甚明。"王树枏云："《周髀算经》陈子曰：'夫道术所以难通者，既学矣，患其不博；既博矣，患其不习；既习矣，患其不能知。'《说苑·说丛》篇作'君子博学，患其不习。既习之，患其不能行。既能行之，患其不能以让也。'《群书治要》

'无知'作'不知','贵其能让也'作'患其不能以让也'。阮氏据魏本改。……今案：下注云'五者谓患其不博、不习、无知、不能行、不能以让'，则此文'贵'为'患'之讹，'能'下脱'以'字无疑。今从王本。"其说可从。"让"，《说文》认为其原意为"相责让"，不过此处意为"谦让"，卢辩注曰"贵不以己能而竞于人"，即不因己能而夸耀、炫竞于他人。

君子既然学了，唯恐学得不够广博；学识既已渊博，唯恐不能温习巩固；既已温习巩固，唯恐不能温故知新、深造于心；能够温故知新，唯恐不能将之应用于实践；能够将所学用于实践，唯恐不注意谦让；君子的为学，就是要达到这五个目标。

君子博学而孱守之[1]，微言而笃行之[2]，行必先人，言必后人，君子终身守此悁悁[3]。

注

[1]"博学而孱守之"：卢辩注："孱，小貌，不务大。"阮元曰："孱，逊也。曾子美颜子曰：'以能问于不能，以多问于寡，有若无，实若虚。'孟子曰：'曾子守约。'《说文》：'孱，逊也。''逊''小'乃'博'之反。若训'谨'义与此远。"

[2]"微言而笃行之"：王聘珍曰："微，少也。笃，厚也。"阮元注："笃，厚也。孔子曰：'笃行之。'"并释曰："徐幹《中论·贵验》篇

引'微言而笃行之',以为孔子之言。"普遍认为"微言而笃行之"即《论语·里仁》"君子欲讷于言而敏于行"之意。此句及上文注家均以"屡"为"博"之反、"微"为"笃"之反,然而"博"者言其大、"屡"者言其小,"微"却言其"少"、"笃"者谓其厚,以致"博学而屡守之"与"微言而笃行之"各自的相对关系又是相反的,与其行文如"多知而无亲,博学而无方"之类的习惯多有乖违。或疑"屡"当训为"仁谨",《史记·张耳陈余列传》"吾王屡王也"裴骃集解引韦昭曰:"屡,仁谨貌。""笃"训为"固",《尔雅·释诂下》曰:"笃,固也。"《论语·子张》"信道不笃"刘宝楠正义及《曾子立事》"能小行而笃"、《曾子制言上》"未笃故也"、"则夫杖可因笃"王聘珍解诂均谓之"固"。如此一来,"博学而屡守之"与"微言而笃行之"便成对应关系,且"笃"之训"固"又较训"仁谨"之"屡"更进一步。可备参考。

〔3〕"君子终身守此惕惕":《说文》:"惕,不安也。""惕惕",卢辩释为"忧念",阮元释为"不安",王聘珍则解为"不舒之貌",皆指其忧心、不舒展之状。

君子的学习要广博,但需执守于精要细微处;要少说话而多实践;做事要先于人,说话则要在人后。君子要终身心怀忧念地坚持这些原则。

行无求数有名[1],事无求数有成[2]。身言之,后人扬之;身行之,后人秉之[3]。君子终身守此惕惕[4]。

注

[1]"数有名":"数",卢辩注:"数,犹促速。"孔广森补注:"数音促。"《尔雅·释诂上》"数,疾也"郝懿行义疏:"数,通作速。"《诸子平议·贾子二》"何君子之道衰也,数也",俞樾按:"数之言促速也。"

[2]"事无求数有成":《说文》云:"成,就也。"《周礼·夏官·槁人》"秋献成",孙诒让正义:"成谓成功。"此句之意正如阮元注:"元谓行无避难急名之心,不求促速而自有名;事无徇私欲速之心,不求促速而自有成。孔子曰:'无欲速,欲速则不达。'曾子曰:'君子功先成而名随之。'"

[3]"身言之,后人扬之;身行之,后人秉之":卢辩注:"非法不言,言则为人称之;非德不行,行则为人安之。"王聘珍曰:"扬,称也。秉,持也,谓持守之也。"阮元曰:"扬之,谓扬其名。《孝经》曰:'立身行道,扬名于后世,以显父母。'秉,执也;秉之,谓执其成。《诗》曰:'杂秉国成。'《孝经》曰:'君子言思可道,行思可乐,德义可尊,行事可法。'""身",《尔雅·释诂下》云"我也"。"扬",举也。《尚书·泰誓中》"我武惟扬"孔安国传:"扬,举也。"《仪礼·燕礼》"媵觚于宾"郑玄注亦如之。"秉",执也,《尚书·金縢》"植璧秉珪"孙星衍《尚书今古文注疏》引《释诂》云:"秉者,执也。"《国语·晋语一》"亦必不知固秉常矣"韦昭注、《楚辞·天问》"秉鞭作牧"王逸注及《诗·小雅·小弁》"君子秉心"郑玄笺均以"秉"为"执"。案,"秉"当训为"执",而"执"意为"守",《老子》三十五章"执大象"河上公注、《论语·述而》"诗书执礼"朱熹集注均谓:"执,守也。"《礼记·曲礼上》"执尔颜"郑玄注:"执,犹守也。""后人秉之"如王聘珍所言,意为后人持守之。

[4]"惮惮":卢辩曰:"忧惶也。"阮元曰:"惮惮,劳心也。惮与怛通,《诗·齐风》曰:'劳心怛怛。'"

译

行为不要急于博求名声,做事不要急于取得成效。所说的要有章法,后人就会宣扬它;所作的要足以成为典范,后人才会去效仿它。君子终身持守这些原则,唯恐出现过失。

君子不绝小,不殄微也[1]。行自微也,不微人[2]。人知之则愿也[3],人不知,苟吾自知也[4]。君子终身守此勿勿也[5]。

注

[1]"不绝小,不殄微":卢辩注:"殄亦绝也。"王聘珍曰:"谓不以小善为无益而弗为也。殄,犹绝也。微,隐也。"阮元则谓:"人有小学微善,皆知而称之。"因此"不绝小,不殄微"可作二解,或指自己,或指他人。

[2]"行自微也,不微人":王聘珍曰:"行自微,谓隐行善事也。不微人者,谓非阴密不使人知也。"其说略显迂曲。阮元注:"微,匿也。"孔广森补注:"自卑而尊人。"汪中曰:"'行自微也'之'微'犹伺也,察也。王念孙案:'微,犹匿也。己有善则务自匿,人有善则扬之。'学诚案:'上句"微"字,疑作"莫显乎微""微"字解。下二"微"字,则"伺察其微",故仍用"微"字,义自通。'"王树枏则认为章学

诚、王念孙、阮元"三说皆非也"："微犹小也。言君子不绝小善，行自小而不小人也。三'微'字皆一义。"因而上下两句之"微"，或以为同一义，或以为前后不同，而下一句之"微"又有二解：或解为"小"或者"匿"，意为隐己之善，扬人之誉；或解为"伺"或者"察"，以为谨察己过而宽以待人。又，于鬯《香草校书》曰："此两'微'字义当作'徵'，徵、微二字形似，本多互误。即在《记》中如《文王官人》记'覆其微言'，《周书·官人》篇作'复徵其言'。'微清而能发'，宋本'徵'亦作'微'。又如《子张问入官》记'财利之生徵矣'，杨简《先圣大训》'徵'作'微'。《官人》记'六徵'及'务其徵'，宋本'徵'并作'微'。他书此二字乱者尤夥，不及枚举。此则又涉上文'不珍微''微'字，其误'徵'为'微'，更无足异矣。《吕氏春秋·达郁览》高注云：'徵，求也。'《史记·货殖传》司马索隐亦云：'徵者，求也。'行自徵者不徵人，即犹言行自求也不求人。谓君子行诣，惟求其所自知而不求于人知，故下文云：'人知之则愿也；人不知，苟吾自知也'，正申明自徵不徵人之义。误两'徵'字为'微'，实不成义。诸家或训为'匿'，或训为'卑'，胥与下文义不协也。《论语·卫灵公》篇云：'君子求诸己，小人求诸人。'自徵者即求诸己也，不徵人者即不求助诸人也，夫所以为君子也。"亦可存一说。

[3]"人知之则愿也"：阮元谓："善行可秉，故愿人知。"但如此一来便与前句之"行自微"不合。王聘珍引《尔雅》"愿，思也"注曰："自思之恐行有不及。"

[4]"人不知，苟吾自知也"：王聘珍以为"苟"乃《说文》"自急敕"之解，其意如《论语》所言之"不患莫己知，求为可知也"。孔广森补注则引屈原《离骚》"不吾知其亦已兮，苟余情其信芳"加以阐发。于鬯曰："'苟'当作'苟'，'苟'、'苟'字形易混，致多讹误。《仪

礼》诸言'苟敬'皆'苟敬'也。小戴《大学》记'苟日新',亦'苟日新'也。前人已有言之者。《说文·苟部》云:'苟,自急敕也。''人不知,苟吾自知也',盖谓不必求人知,须急敕其所以自信者,即《论语·里仁》'不患莫己知,求为可知'之义。若作苟,则句语不完矣。然使下有缺句,则《制言》记何以亦云'莫之知,苟吾自知也'?又云'莫我说,苟吾自说也'?岂彼句下皆缺乎?明彼两句'苟'字亦'苟'字耳。《楚辞·离骚》云'不吾知其亦已兮,苟余情其信芳',即此人不知'苟吾自知'意,则彼'苟'字亦当作'苟'。"其说过于迂曲。"苟"意为"但",《易·序卦》'物不可以苟合而已'江藩述补:"苟,但也。"《经传释词》卷五云:"苟犹但也。《易·系辞传》曰:'苟错诸地而可矣。'桓五年《左传》曰:'苟自救也。'襄二十八年《传》曰:'苟舍而已矣。''苟'字并与'但'同义。"该句意为:别人不知,但我自己知道。

[5]"守此勿勿":"勿勿",卢辩曰:"勿勿犹勉勉。"孔广森补注:"勿音没。"阮元释曰:"《礼记·祭义》'勿勿乎',郑注云:'勿勿,犹勉勉也。'《诗·邶风》'黾勉同心',《韩诗》作'密勿同心'。《诗·十月之交》'黾勉从事',《汉书·刘向传》引作'密勿从事'。'勉'、'勿'通也。《说文》:'勿,以趣民,故遽称勿勿。'是'黾勉'、'趣'、'遽'同有'勿勿'之义。《制言中》篇曰'无勿勿于贱',则此义不相背而适相成也。"王引之则认为:"卢以'勿勿'为'勉勉'义,本《礼器》、《祭义》注,非此所谓'勿勿'也。此言'勿勿'者,犹'忽忽'也。《晏子春秋·外篇》曰:'忽忽矣,若之何?惄惄矣,若之何?''忽忽'、'惄惄'皆忧也。《史记·梁孝王世家》亦曰'忽忽不乐','忽'与'勿'声近而义同。上文曰'君子终身守此悒悒'(卢注:'悒悒,忧念也。'),又曰'君子终身守此惮惮'(卢注:'惮惮,忧惶也。'),下文

曰'君子终身守此战战也','悒悒'、'惮惮'、'勿勿'、'战战'皆忧惧之意。"两注皆通。

君子不放弃小善,不忽视微小之事。君子要严于律己而宽以待人。别人知道自己的美德,要多反省还有哪些不足;别人不了解自己的善行,自己知道就行了。君子终生坚持这些原则而勉力循行。

　　君子祸之为患,辱之为畏[1],见善恐不得与焉,见不善[者]恐其及己也[2],是故君子疑以终身[3]。

　　[1]"祸之为患,辱之为畏":王聘珍曰:"祸,灾害也。辱,污也。""患"者"忧"也,《说文·心部》、《玉篇·心部》、《广韵·谏韵》均如之,《易·既济·象传》"君子以思患而豫防之"焦循章句、《吕氏春秋·慎大》"天下颤恐而患之"高诱注亦谓:"患,忧也。"

　　[2]"见善恐不得与焉,见不善[者]恐其及己也":卢辩曰:"《论语》曰:'见善如不及,见恶如探汤。'"王聘珍也以"及"释"与"。王念孙曰:"'恐其及己',谓恐不善之及己也,则'见不善'下不当有'者'字,且与'见善'对文,则'者'字之衍明矣。《论语》'见善如不及,见恶如探汤'即其证。"

　　[3]"疑以终身":卢辩注:"疑善之不与,恶之及己也。"王聘珍

注亦同之。案,"疑"意为"恐",《玉篇·子部》《广韵·之韵》皆谓:
"疑,恐也。"《庄子·盗跖》"内则疑劫请之贼"成玄英疏、《读书杂
志·荀子第八·成相·此之疑》王念孙案:"疑,恐也。"《礼记·杂
记下》"皆为疑死"郑玄注、《诸子平议·贾子一》"疑且岁闻所不欲
焉"俞樾按均谓:"疑,犹恐也。"

　　君子所担心的是灾害,所害怕的是侮辱。看到善行唯恐不得
参与,看到不善之事唯恐自己也沾染到,所以君子一生都有所
忧虑。

　　君子见利思辱,见恶思诟[1],嗜欲思耻,忿怒思
患[2],君子终身守此战战也[3]。

　　[1]"见利思辱,见恶思诟":卢辩注:"诟,耻也。"王聘珍曰:
"诟,谓诟病。郑注《儒行》云:'诟病,犹耻辱也。'"阮元注:"恐为人
所辱诟。诟,骂也。"并释曰:"《群书治要》'恶'作'难',今不从。
'诟'训为'骂'者,《左·哀八年》'曹人诟之'、《襄十七年》'闭门而
诟之'杜注。""诟"当从卢辩训"耻",《广雅·释诂四》云:"诟,耻
也。"《左传·定公八年》"公以晋诟语之"杜预注、《楚辞·离骚》"忍
尤而攘诟"王逸注、《汉书·路温舒传》"国君含诟"颜师古注等均如
之。《史记·李斯列传》"故诟莫大于卑贱"张守节正义:"诟,耻辱

也。"《玉篇·言部》同之。

[2]"嗜欲思耻，忿怒思患"：王聘珍曰："患，难也。《论语》曰：'忿思难。'"阮元注："徇嗜欲者必得耻，纵忿怒者必及患。孔子曰：'一朝之忿忘其身，以及其亲。'""患"者"害"也，《吕氏春秋·重己》"此阴阳不适之患也"高诱注、《孟子·离娄上》"人之患在好为人师"焦循正义引《礼记注》云："患，害也。"《广韵·谏韵》曰："患，亦祸也。"其意相似。

[3]"战战"：王聘珍曰："战战，恐惧貌。"阮元亦云："战战，恐也。曾子诵《诗》曰：'战战兢兢，如临深渊，如履薄冰。'"《诗·小雅·小旻》"战战兢兢"毛传、《孔子家语·观周》"战战兢兢"王肃注："战战，恐也。"《论语·泰伯》《诗》云'战战兢兢'"皇侃疏："战战，恐惧也。"

君子看到利益时要考虑是否会招致侮辱，见到恶行就要联想到会遭致诟病。一味满足自己的嗜欲必然会带来耻辱，愤懑发怒一定导致祸患。君子一辈子保持这种谨慎小心的心态。

君子虑胜气[1]，思而后动，论而后行[2]，行必思言之，言之必思复之，思复之必思无悔言[3]，亦可谓慎矣。

[1]"虑胜气"：卢辩注："血气胜则害身，故君子有三戒。"王聘

珍曰:"虑,谋思也。胜,克也。气,谓血气。"《说文·思部》:"虑,谋思也。"《周礼·秋官·朝士》"则令邦国、都家、县鄙虑刑贬"郑玄注、《吕氏春秋·安死》"为无穷者之虑"高诱注亦谓:"虑,谋也。"《论语·季氏》载:"孔子曰:'君子有三戒:少之时,血气未定,戒之在色;及其壮也,血气方刚,戒之在斗;及其老也,血气既衰,戒之在得。'"可见君子需要终生节度、克制其自然之血气。

〔2〕"思而后动,论而后行":"思"为心之虑,《尚书·洪范》"五曰思"孔颖达疏:"思,是心之所虑"。"论",《说文·言部》《玉篇·言部》《广韵·魂韵》等均曰"议也",《礼记·王制》"必即天论"孔颖达疏:"论,谓论议。"不过"论"亦有"择"之义,《国语·齐语》"论比协材"韦昭注:"论,择也。"《吕氏春秋·当染》"劳于论人"高诱注:"论,犹择也。"《荀子·王霸》"若夫论一相以兼帅之"杨倞注:"论,谓讨论选择之也。"从整句逻辑来看,每一分句都是承上言且层层递进,因而"论"若作"议"解,与前面"思而后动"的区别并不分明,解"择"应更为恰当。

〔3〕"行必思言之,言之必思复之,思复之必思无悔言":卢辩注:"'行必思言之',贵其可谈言。'言之必思复之',《论语》曰:'信近于义,言可复也。''思复之必思无悔言',思唯可复。"王聘珍曰:"行必思言之,《缁衣》曰:'可行也,不可言,君子弗行也。'复,犹覆也。无悔言者,信近于义,言可复也。此言君子之慎思也。《中庸》曰'慎思之'。"《论语·学而》"言可复也"何晏集解:"复,犹覆也。"《学林》卷二:"字书'复'有二义。扶又反者,其义则再也。若隐公四年左氏《传》曰'诸侯复伐郑'、桓公元年左氏《传》曰'郑人请复祀周公'之类是也。音服者,其义则反也。若《周易》'复'卦、《诗》'宣王复古'之类是也。"此处"复"应为反复之意。阮元注:"行此事必

可以言之于世。……思复,谓思覆行之,绝无偏敝。……覆行若有偏敝,则悔其前言矣。"

君子筹谋思虑以克服血气的冲动,先思考再实行,选择好了再行动,所行之事必定要考虑其是否可以言说于人,言论必当先考虑能否经受得住反复核查,核查之时要记住别让自己懊悔,这就可以说是谨慎的了。

人信其言,从之以行[1];人信其行,从之以复;复宜其类,类宜其年[2],亦可谓外内合矣[3]。

[1] "人信其言,从之以行;人信其行,从之以复":卢辩注:"'人信其言,从之以行',以言不虚。'人信其行,从之以复',《易》曰:'终日乾乾,反复其道。'"王聘珍则引《荀子·荣辱》"君子者信矣,而亦欲人之信己也"加以说明。可见此句可作二解:一是谓"人信其言"则己"从之以行","人信其行"则己"从之以复",注重自身的行为以取信他人;二是谓"人信其言"即信己之言而"从之以行","人信其行"便"从之以复",注重自身对他人的影响,以自身言行取信于他人进而产生道德效应。观诸语法,该句主语是"人",那么应当以后者为是。

[2] "复宜其类,类宜其年":对于"类",有几种意见。一是以

"类"指人，如阮元认为："类，谓朋类，即信言行之人。"二是以"类"指行为的正当不易性，如汪中曰："'复宜其类'，谓言信行果，惟义所在也。"三是指行为的相似性，如王念孙曰："复宜其类，谓触类而广之也。"对于"年"字，学者有两种意见：一是王树枏认为"阁本作'言'"；二是认为"年"如其字，阮元曰："年，谓久远可行也。《孝经》曰：'非先王之法言不敢道，非先王之德行不敢行。'先王言行传今久矣，君子言行信今传后，亦如之。"并释曰："卢注引《诗》'乐只君子，万寿无期'，在周时卢所见本是'年'字，阁本误也。"汪中曰："'类宜其年'，谓积久而不改其节。"

[3]"外内合矣"：所谓"外内合"，一者如阮元所谓，指言行合一，他说："行内言外。孔子曰：'君子言顾行，行顾言。'"二者如王聘珍所言，指自身与他人、社会乃至时势之合，他说："类也者，不忝前哲之谓也。万年也者，令闻不忘之谓也。《中庸》曰：'合外内之道也，故时措之宜也。'"不过与其对《大戴礼记·文王官人》"言行不类，终始相悖，阴阳克易，外内不合，虽有隐节见行，曰非诚质也"所注"类，似也。不类者，言不顾行，行不顾言也"不同。当然，也不必一定得保持一致。另外还有一种解法，如孔广森补注："人信君子之言者，以其言之必从而行之也。人信君子之行者，以其今日行之，明日复行之，而前后相类也。久而验之，至于积年所行无弗类者，可谓外内合一，无虚假矣。""外内合"也是指言行合一，只是前半句的解释过于迂曲。

译

　　人们相信君子之言，就会按照他的话去做；人们相信君子的行为，就会跟着他一块实践。（于是）这种行为就会与古圣先贤保持一致并被长久效法。如此就可以说君子实现了人我外内的合一。

君子疑则不言，未问则不言[1]，两问则不行其难者[2]。

[1] "疑则不言，未问则不言"：王聘珍曰："疑，谓是非不决。问，论难也。未问不言者，不以身质言语也。"阮元注："疑者阙之，故孔子曰：'吾犹及史之阙文也。''多闻阙疑，慎言其余，则寡忧。'未问不言者，孔子曰：'不愤不启，不悱不发。'""疑"，《礼记·坊记》"所以章疑别微"孔颖达疏："疑，谓是非不决。""问"，《礼记·学记》"善问者，如攻坚木"孔颖达疏："问，谓论难也。"《荀子·大略》云："疑则不言，未问则不立，道远日益矣。"汪中据《荀子》将后面的"道远日益矣"移至此处，其说可从。阮元认为《荀子》乃袭此而讹。愚以为"言"字亦应据《荀子》改为"立"：若"未问则不言"，那么"不言"又当如何"问"？"未问则不立"，指未经辩难不当轻易下定论。

[2] "两问则不行其难者"：王聘珍曰："两问，谓两事当问也。《史记索隐》云：'行者，先也。《学记》曰："善问者如攻坚木，先其易者，后其节目。"问必以其序也。'"其所谓"行"即"问"，谓先问其难者。阮元则注："善问者如攻坚木，先其易者，后其节目。善待问者如撞钟，叩之以小者则小鸣，叩之以大则大鸣。故待问者如有两问，亦不先以难者强之行。"其所谓"行"如本字，指相别于"问"之行事。孔广森补注："人以两端来问，则择其易行者告之。"则此当另

起一句,"疑则不言,未问则不言"就自身言,"两问则不行其难者"则就他人而言,显然扞格难通。此处从王聘珍之说。

君子有疑问未决则不发表意见,未经论难的也不要轻易下定论。若向他人请教两个问题,先从其易者始,而不先问难的。

君子患难除之^[1],财色远之,流言灭之^[2]。祸之所由生,自纤纤也^[3],是故君子夙绝之^[4]。

注

[1]"患难除之":王聘珍曰:"虞注《易·象传》云:'除,修也。'《易》曰:'君子以恐惧修省。'"意思是君子在患难面前要修身自省。但这样一来,"患难除之"便与后面的"财色远之,流言灭之"不对称。"财色远之,流言灭之"意为远财色、灭流言,那么"修"患难便不可通。"除"又有"去"意,《诗·唐风·蟋蟀》"日月其除"毛传、《易·萃》"君子以除戎器"陆德明释文引郑云:"除,去也。"《国语·晋语》"除暗以应外谓之忠"韦昭注、《诗·小雅·斯干》"风雨攸除"陆德明释文亦同之。"患难除之"意为远离(或者消除)患难。①

[2]"财色远之,流言灭之":王聘珍曰:"流言者,如水之流。灭,绝也。"阮元注:"流者,无根源之谓,若管叔流言于国。"《荀子·

① 有学者解"除"为"消灭"(罗新慧:《曾子研究——附〈大戴礼记〉"曾子"十篇注释》,商务印书馆,2013年,第255页),亦可通。

致仕》曰:"流丸止于瓯臾,流言止于智者。"

[3]"祸之所由生,自纤纤也":阮元注:"纤,锐细也。"《说文》云:"纤,锐细也。"《尚书·禹贡》"厥篚玄纤缟"孔安国传、《管子·五辅》"纤啬省用"尹知章注、《史记·货殖列传》"愈于纤啬"司马贞索隐、《汉书·司马相如传上》"杂纤罗"颜师古注均谓:"纤,细也。"孔广森补注则谓:"纤纤,小也。"《广雅·释诂二》:"纤,小也。"

[4]"夙绝之":"夙",孔广森补注:"早也。"《尚书·舜典》"夙夜惟寅"孔安国传、《诗·召南·采蘩》"夙夜在公"毛传、《诗·召南·行露》"岂不夙夜"郑玄笺均训为"早"。

译

君子遇到患难就消除它,遇到财货、女色就远离它,遇到流言蜚语就消灭它。灾祸往往源于细微之处,因此君子要及早断绝祸根。

君子己善,亦乐人之善也;己能,亦乐人之能也[1];己虽不能,亦不以援人[2]。

注

[1]"己善,亦乐人之善也;己能,亦乐人之能也":阮元注:"《秦誓》所谓'人之有技,若己有之'。反是,'则媢嫉以恶'。"

[2]"己虽不能,亦不以援人":王聘珍曰:"援,犹引也,取也,谓引取人之能以为能也。"阮元亦训"援"为"引",谓:"己虽不能,望

曾子立事

人能之。反是，则引人同入于不能。忌人之长，恐形己短。"孔广森补注："不引人以自解。"俞樾认为："经文止曰'不以援人'，若如孔注，则经文为不备矣。《方言》曰：'爰，恚也。''援'与'爰'通，'不以援人'者，不以恚人也。小人耻己之不能，因而忌人之能。君子不然，故己虽不能，亦不以援人也。'援'字得有'恚'义者，盖援、愠双声，《说文·火部》：'煖，温也。''愠'谓之'援'，犹'温'谓之'煖'矣。"其意可从，然其说后半部分过于牵强。"援"通"爰"，《吕氏春秋·贵直》"狐援说齐湣王曰"毕沅新校正："'狐援'，《齐策》作'狐咺'，《古今人表》作'狐爰'。"《说文》段注："爰与援音义皆同。""爰"者如《方言》所言释"恚"，"援人"意为嫉妒或迁怒于他人。

译

君子自己能行善，也乐意别人成善；自己有才能，也乐意别人有才能。即使自己没才能，也不会因此怨恨别人。

君子好人之为善而弗趣也；恶人之为不善而弗疾也[1]。疾其过而不补也[2]，饰其美而不伐也[3]，伐则不益，补则不改矣[4]。

注

[1]"好人之为善而弗趣也；恶人之为不善而弗疾也"："弗趣"，卢辩注："不促速之，恐其倦也。"孔广森曰："趣，音促。"阮元谓："恐其畏难反退，故曰'优而柔之，使自求之'。""趣"又有"取"之

055

义,《庄子·天地》"五曰趣舍滑心"成玄英疏:"趣,取也。""取"者"求"也,《易·蒙》"勿用取女"焦循章句:"取,犹求也。""疾",孔广森补注:"谓恶之已甚。"王聘珍谓:"疾,急也。不急持之,恐其生乱也。"阮元注:"孔子曰:'人而不仁,疾之已甚,乱也。'故显加人以小人之名,又不能退,退而不能远,徒疾之太甚者,必激为乱。"概而言之,该句有两种解法:一是以"君子"为"弗趣"、"弗疾"之主体,而以"人"为其客体,意思是君子喜欢别人为善却并不催促,厌恶别人为不善却不太过疾恶;二是解"趣"为"取"即"求"之意,以"人"为他人"弗趣"、"弗疾"之主体,意思是君子赞赏别人为善却无所求,讨厌别人为不善却不知改过。

[2]"疾其过而不补也":"补",卢注云:"谓改也。"王聘珍曰:"疾,恶也。补,谓弥缝其阙。……言恶人之过而不为之弥缝,俟其自改也。"王引之怀疑"补"为"掩"之误,他说:"下文曰'补则不改矣',则'补'非'改'也。'补'疑当为'掩',字形相似而误。'掩'者,盖也、匿也。掩则冀幸人之不知,故不改也。余曩以'补'为古文'遂'字之误,非是。"阮元则以为此句指"君子自病其过":"以'疾其过'之'其'字属人不属己,则此意又与上'恶人之为不善而弗疾也'相背。又,此句'而'字为反转,与下句'而不伐也''而'字例同。故元谓此二句乃君子自治之力,与篇首'君子攻其恶,求其过'而'其'字属君子己身而言之例同。朱学士筠谓'补,犹文也',此训无据,王(王引之,引者注)说较确。"阮元所质疑者甚是。孔广森曰:"寻下云'补则不改',似此注'改'字误。"汪中则曰:"'补'犹'文'也,与'改'义正相反,不得以'改'释之。""弥缝"、"掩"与"文"大意类似,只是小有差异。"其"之所指兹从阮说。

[3]"饰其美而不伐也":王聘珍曰:"饰,好也。伐,矜也。"汪

中以为："饰，修也。"孙诒让引严校云："饰、饬声相近，通用。饬有饬治之义，言有义而加饬治也，非虚饰之谓。"王聘珍认为其意指"好人之美而不与之矜夸，恐其自足也"。"饰"自可训为"好"，如《淮南子·主术训》"若欲饰之"高诱注："饰，好也。"然上句已如阮氏所云，"以'疾其过'之'其'字属人不属己，则此意又与上'恶人之为不善而弗疾也'相背"，故结合阮元之意，此处"饰"释"修"为胜。"伐"，阮元曰："有功曰伐，故自美其功曰伐。"《汉书·车千秋传》"伐其功"颜师古注："伐，自矜其功也。"无疑，"伐"乃自矜、自夸之义，是主体自身的行为，参校上一句之释，"疾其过"、"释其美"之"其"若指他人，主语就会产生混乱，也就进一步验证了阮元之说。

[4]"伐则不益，补则不改"：阮元曰："自称其美，则无进益；自遂其过，则不改悔。颜子曰：'愿无伐善。'孔子曰：'过而不改，是谓过矣。'"

君子喜欢别人为善而无所求，厌恶别人为不善而不知改过。不喜欢自身的缺失且不加弥缝、文饰，增修自身的优点而不自矜自夸。如果自我矜夸，就不会再有进步；如果弥缝过失，就不会加以改正。

君子不先人以恶，不疑人以不信[1]，不说人之过[，]〈而〉成人之美[2]，存往者，在来者[3]。朝有过，夕改，则与之；夕有过，朝改，则与之[4]。

注

[1]"不先人以恶,不疑人以不信":卢辩注:"谓不亿、不信、不逆诈。"《论语·宪问》载:"子曰:'不逆诈,不亿不信,抑亦先觉者,是贤乎!'""不亿不信",邢昺疏云:"此章戒人不可逆料人之诈,不可亿度人之不信也。""不先人以恶"意为不预设别人是恶的,而非不先待人以恶。

[2]"不说人之过[,]〈而〉成人之美":卢辩注:"说,解说也。"王聘珍曰:"说,言也。《论语》曰:'成事不说。'"孔广森补注:"彼有过者,方畏人非议,我从而为之辞说,则彼将无意于改,是成人之过矣,故君子不为也。不扬人之过,厚也;不说人之过,忠也。"阮元认为孔广森此说"取义太深,非曾子本意也",进而本于《释名》训"说"为"述",曰:"说,述也,谓不扬人之过。""成人之美",俞樾以为:"上文曰'君子不先人以过,不疑人以不信,不说人之过',此云'成人之美',与上三句不一律。据《群书治要》,'成人'上有'而'字,疑《大戴》原文作'不说人之过而成人之恶'。古人之辞,凡两事连及者每用'而'字,昭二十年《左传》'齐豹之盗而孟絷之贼',《韩子·说林》篇'以管子之圣而隰朋之智'皆是也。今试连下文读之曰'存往者,在来者,朝有过,夕改,则与之;夕有过,朝改,则与之',皆以改过为言,与成人之美无涉,益知此文之当作'恶'字,不当作'美'字矣。后人不知此句本蒙'不'字为义,改为'成人之美',传写者遂并'而'字节去。阮氏元《曾子注释》据《群书治要》增'而'字,然未知'美'字为'恶'字之误,于义犹未得也。"可备一说。若据《群书治要》,"成人之美"上有"而"字,俞樾认为其说不可通,故疑其原文作"不说人之过而成人之恶",又以"而"为两事连接辞。然"说"可如卢注训为"解",《诗·卫风·氓》"犹可说也"郑玄笺、《左传·昭公十八

年》"犹可说也"杜预注、《国语·越语上》"勾践说于国人"韦昭注、《论语·先进》"于我言无所不说"邢昺疏、《庄子·说剑》"孰能说王之意止剑士者"陆德明释文及《淮南子·道应》"以说于众"等均云："说，解也。"故而"不说人之过而成人之美"可解为不为他人解说其过以全其美。"而"、"以"相通，《韩非子·说林上》"乐羊为魏将而攻中山"王先慎集解："《说苑·贵德》篇作'以'。"《战国策·韩策二》"徒幸而养老母"黄丕烈按："《史记》'而'作'以'。"此处若作"不说人之过而成人之美"，并释"而"为"以"，语意可通且句式可与上二句保持一致。

[3]"存往者，在来者"：卢辩注："在，犹存也。"王聘珍谓："存，恤也。在，察也。"孔广森补注引《尔雅》云："存、在，皆察也。察人往行来行，知其改过否。"其说可从。《尚书·尧典》"在璇玑玉衡"孔传曰："在，察也。"《尚书·尧典》"平在朔易"孔颖达疏亦引《释诂》云："在，察也。"《经义述闻·尔雅上·存察也》："《荀子·修身》篇：'见善，修然必以自存也；见不善，愀然必以自省也。'《大戴礼记·曾子立事》篇：'存往者，在来者。'在、省、存，皆察也。"

[4]"朝有过，夕改，则与之；夕有过，朝改，则与之"：王聘珍曰："与，许也。往者之过则恤之，来者之善则许之。《论语》曰：'与其进也，不与其退也，唯何甚？人洁己以进，与其洁也，不保其往也。'"

君子不先入为主地认为别人是恶的，不怀疑别人会不诚信，不说解别人的过错以全其美。省察别人过往的不当之处，同时着意于对他未来的考察。早晨犯了过错傍晚就能加以改正，或者傍晚犯了错早晨就改正，那么就应当称许他。

君子义则有常，善则有邻[1]，见其一，冀其二；见其小，冀其大[2]。苟有德焉，亦不求盈于人也[3]。

[1]"义则有常，善则有邻"：王聘珍曰："《说文》云：'义，己之威仪也。'《缁衣》曰：'衣服不贰，从容有常。'《孟子》曰：'可欲之谓善。'邻，亲也。《论语》曰：'德不孤，必有邻。'"阮元谓："有常，无变更也。"本章的核心在于主张不懈修德，故"义"不当作"仪"论。"常"意为"恒"，《易·归妹·象传》"未变常也"李鼎祚集解引虞翻曰："常，恒也。"《礼记·少仪》"马不常秣"陆德明释文亦作如是解。"义"有"恒"，故能因一而二，见小冀大。"善则有邻"，卢辩曰："德不孤。"《论语·里仁》"德不孤，必有邻"朱子集注云："邻，犹亲也。德不孤立，必以类应。故有德者，必有其类从之，如居之有邻也。"

[2]"见其一，冀其二；见其小，冀其大"：王聘珍曰："冀，望也。一二小大，并以人之善言。"

[3]"苟有德焉，亦不求盈于人"：王聘珍曰："德者，得也。盈，满也。不求盈于人者，《论语》曰：'无求备于一人。'《表记》曰：'君子以人望人，则贤者可知已也。'"孔广森补注："虽冀人为善之心无穷，然其人止有小德、一善者亦不责难求备也。"

君子有义就会持之以恒，有善行则必有同类相应，能做到一

点,就希望能更进一步。(不过,他人)只要有所得,就不必对其过
于求全责备。

君子不绝人之欢,不尽人之礼[1];来者不豫,往者
不慎也[2];去之不谤,就之不赂[3],亦可谓忠矣[4]。

注

　[1]"不绝人之欢,不尽人之礼":卢辩注:"通饮食之馈,序其
欢也。简服物之礼,令其忠也。"《礼记·曲礼上》曰:"君子不尽人
之欢,不竭人之忠,以全交也。"郑注:"欢谓饮食。"孔颖达疏:"饮食
是会乐之具。承欢为易。……明与人交者,不宜事事悉受。若使
彼罄尽,则交结之道不全,若不竭尽,交乃全也。"

　[2]"来者不豫,往者不慎":卢辩注:"慎,故于物来者不犹豫,
往者无所慎。"孔广森补注云:"豫,谓未来而推度之也。慎,古通以
为'顺'字。'顺'犹'遂'也。事已往者,无所系恋,不必期于遂成
之。"俞樾认为孔广森"说'不豫'之意,视卢注为长。至破'慎'为
'顺',又训为'遂',义亦迂曲",并据《礼记·儒行》"往者不悔,来者
不豫",疑"慎"字乃"悔"字之误,"往者不慎"即"往者不悔","言不
追咎也。盖不推度未来,不追咎已往,皆与人相接忠厚之道,故下
文曰'亦可谓忠矣'。"王聘珍云:"《尔雅》曰:'豫,乐也。'《方言》、
《广雅》并云'慎,忧也'。"兹从之。另,阮元注:"凡事豫则立,不豫
则废。今来者之事不能豫立,由于不知戒慎往事,故孔子曰:'往者
不悔,来者不豫。'"其意与本句讨论人我关系的主旨相去甚远,故

不从。

[3]"去之不谤，就之不赂"：卢辩注："'去之不谤'，以义去之；'就之不赂'，以道往也。"王聘珍曰："谤，毁也。赂，货也。《孟子》曰：'无处而馈之，是货之也。'来往，谓人之来往于君子。去就，谓君子之去就。豫慎谤赂，皆以君子言。"其说甚是。

[4]"亦可谓忠矣"：王聘珍曰："忠，尽中心也。此言君子之全交也。"

君子不尽取别人馈赠的饮食，不苛求别人对自己尽礼数。不因别人来与自己交往而高兴，也不因别人离开自己而忧愁。不毁谤自己背离而去之人，不赠送财物予自己所依附之人。做到这些就可以称作"忠"了。

君子恭而不难[1]，安而不舒[2]，逊而不谄[3]，宽而不纵[4]，惠而不俭[5]，直而不径[6]，亦可谓知矣。

注

[1]"恭而不难"：王聘珍曰："难，劳苦也。"阮元注："难、舒、谄、纵乃恭、安、逊、宽之过也。"王引之谓："'难'读为'戁'。《尔雅》曰：'戁，动也。'又曰：'难，惧也。'（'动'与'惧'义相近。故《诗》言'不震不动，不难不竦'。《尔雅》'震'、'难'同训为'动'，又同训为'惧'。）《商颂·长发》篇'不难不竦'，毛传曰：'难，恐也。'恭敬太过

则近于恐惧,故曰'君子恭而不难'。《荀子·君道》篇'君子恭而不难,敬而不鞏','难'亦读为'戁',《方言》作'蜓',云:'蜓,忯,战栗也。荆吴曰蜓忯。蜓忯又恐也。''蜓',郭璞音'鞏'。'鞏'与'蜓'声义并同,又与'恐'声相近也。'恭而不难,敬而不鞏','鞏'与'难'义正相承。'恭而不难,安而不舒','舒'与'戁'义正相反也。"《释名·释言语》:"难,惮也,人所忌惮也。"《易·屯》"刚柔始交而难生"陆德明释文引贾逵注《国语》亦云:"难,畏惮也。"《诗·小雅·桑扈》"不戢不难"孔颖达疏:"难,戒惧之辞。"因而"恭而不难"意为恭敬却并不因此而感到忌惮、恐惧。

[2]"安而不舒":王聘珍曰:"舒,犹慢也。"《史记·五帝本纪》"贵而不舒"司马贞索隐亦曰:"疏,犹慢也。"《尚书·洪范》"曰豫,恒燠若"孔颖达疏则引王肃云:"舒,惰也。""舒"指过于放松、无礼放肆而导致的懈怠、怠慢。

[3]"逊而不诌":王聘珍曰:"逊谓谦逊;诌者,倾身自下也。"《左传·襄公三年》"称其仇,不为诌"杜预注:"诌,媚也。"孔颖达疏:"诌者,阿顺曲从以求彼意。"《论语·为政》"非其鬼而祭之,诌也"朱熹集注:"诌,求媚也。"

[4]"宽而不纵":"宽"者"宽容"也,《诗·卫风·淇奥》"宽兮绰兮"毛传:"宽,宽能容众。"《尚书·皋陶谟》"宽而栗"孔颖达疏引郑玄曰:"宽,谓度量宽宏。""纵"有"放"、"肆"之义,《左传·文公七年》"而纵寻斧焉者"杜预注、《国语·楚语下》"气纵则底"韦昭注、《楚辞·离骚》"夏康娱以自纵"王逸注、《淮南子·精神训》"故纵体肆意"高诱注及《汉书·高帝纪上》"纵观秦皇帝"颜师古注等均如之。《资治通鉴·汉纪十二》"于是杨可告缗钱纵矣"胡三省注更明确地说:"纵,放也,肆也。"《论语·子罕》"固天纵之将圣"朱熹集注

亦云："纵，犹肆也。"然而本句之"恭"、"难"、"安"、"舒"、"逊"、"诎"、"惠"、"俭"、"直"、"径"均乃对他人而言的态度，因此"纵"并非指自身的"放"、"肆"，而是对他人的纵容，《汉书·昭帝纪》"廷尉李种坐故纵死罪弃市"颜师古注："纵，谓容放之。""宽而不纵"意为对别人宽容但并不会纵容他肆意妄为。

[5]"惠而不俭"：王聘珍曰："《易》曰：'用过乎俭。''俭'为吝啬。《论语》曰：'犹之与人也，出纳之吝。'"然此处"吝啬"意难通。阮元曰："尚俭者，罕能惠；欲惠于人，不能俭也。"王聘珍在《大戴礼记·文王官人》"其色俭而不诎"下注："俭，卑谦也。"在同篇"多稽而俭貌"处亦注："俭貌，卑谦之貌。"《逸周书·官人》"其色俭而不诎"朱右曾《逸周书集训校释》："俭，卑约也。"《荀子·非十二子》"俭然恀然"杨倞注："俭然，自卑谦之貌。"故而"惠而不俭"意为施惠于他人却不卑谦，与"逊而不诎"相似。又，王引之以为："'惠'与'慧'同（《史记》、《汉书》通以'惠'为'慧'），'俭'读为'险'，《广雅》曰：'陂，险，衺也。'《卫将军文子》篇曰：'而商也，其可谓不险矣。'《荀子·成相》篇曰：'谗人罔极，险陂倾侧。'《诗序》曰：'内有进贤之志，而无险陂私谒之心。'韩子《诡使》篇曰：'损仁逐利谓之疾险。'皆谓险陂也。……凡人之慧黠者，多流于险陂，惟君子不然，故曰'惠而不俭'，'俭'与'险'古字通。"可备一说。

[6]"直而不径"：王聘珍引《礼记·檀弓》"有直情而径行者，戎狄之道也"以明其义。按，孔颖达疏《礼记》曰："谓直肆己情而径行之也，无哭踊节制，乃是戎狄之道。"阮元则注："'径'，如勾股之弦也。……'径'亦有'直'义。但路之方正者必迂远，若如勾股取弦之邪直为径，则速捷。故郑氏注曰：'径逾，射邪趋疾，越堤渠也。'各本皆作'亦可谓知矣'。旧校云：'知，一作"无私"。'阁本作

'无私矣',义长,今从之。""径"在此句中显然带有贬义,故不从阮注。"径"与"直"相通,《韩非子·说难》"径省其说"王先慎集解引旧注:"径,直也。"《史记·大宛列传》"从蜀宜径"裴骃集解、《汉书·枚乘传》"径而寡失"颜师古注、《荀子·性恶》"少言则径而省"王先谦集解引郝懿行曰亦如之。然"径"与"直"毕竟不同,《论语·阳货》"古之愚也直"朱熹集注:"直,谓径行自遂。"《论语》以"今之愚也诈"与"古之愚也直"相对,"直"与"诈"相反,指言行的真诚无妄,"古之愚也直"者重古人之"质"。而"径"者指人肆意而行,不受礼法拘束而粗鄙无方。

君子对人恭敬而不惧怕,安舒而不放肆,谦逊而不谄媚,宽厚而不纵容,施惠于人而不卑谦,直率而不粗鄙,这也可以算是明智了。

　　君子入人之国,不称其讳,不犯其禁[1],不服华色之服,不称惧惕之言[2],故曰:与其奢也,宁俭;与其倨也,宁句[3]。

注

　　[1]"不称其讳,不犯其禁":卢辩注:"讳,国讳。禁,国禁。"孔广森补注:"故献子讥于具敖,孟氏问于麋鹿。"《礼记·曲礼上》云:"入竟(境)而问禁,入国而问俗,入门而问讳。"可见儒家礼制要求

出行当注意了解各地的风俗，规避其禁忌。

[2]"不服华色之服，不称惧惕之言"：王聘珍曰："华者，犹荣华，容色之异也。称，扬也。恐惧怵惕之言，竦人听闻者。"阮元注："天子、诸侯、卿大夫、士之服皆有采色，不贵质也。华者，奢僭之服。故曾子寝疾，卧大夫华簟，易之乃殁。"可见"华服"在于其僭越礼制。"惧惕"，阮元注："危厉也，言其国之隐患也。孔子曰：'邦有道，危言危行；邦无道，危行言孙。'"该句承上言，乃"入人之国"所需注意的言行，应与该国相关，故阮注较胜。

[3]"与其奢也，宁俭；与其倨也，宁句"：卢辩注："倨，犹慢也。句以喻敬。"王聘珍曰："倨，傲。句，曲之也。左氏襄公二十九年《传》曰：'直而不倨，曲而不屈。'"阮元注："倨者，僭之过也，如朱纮、绣黼、丹朱、中衣者，皆华色之服，奢而倨也。"孔广森补注："此以数术喻，倨言过，句言不及。凡三角过于矩为倨，不及矩为句。故曰倨、句，今曰钝、锐。"《说文·句部》段玉裁注："凡曲折之物，侈为倨，敛为句。"朱骏声《通训定声》亦曰："倨、句，犹侈、敛也。"汪中则以为："'句'或'敬'字之脱误。念孙案：玩与其语意，恐当作'句'，盖'行过乎恭'之意，非美德也。"汪喜孙案："此条先君先下已意，后载王说，盖两存之。"

君子到别的国家，不在名称上触犯该国的忌讳，不违反该国的禁忌，不穿戴僭越礼制的华彩服饰，不宣扬对其不利的危耸言辞。与其奢僭，宁可俭约；与其倨傲，宁可卑屈。

　　可言而不信，宁无言也[1]。君子终日言，不在尤之中；小人一言，终身为罪[2]。

　　[1]"可言而不信，宁无言也"：王聘珍曰："不信，谓无征不信也。"阮元以为该句连上章，所谓"言"指"怵惕之言"："徒称怵惕之言，其国不信，反致祸患。曾子曰：'入是国也，言信乎群臣，则留可也。'"亦可备一说，只是若连上句，"可言而不信"与"与其奢也"、"与其倨也"句式不一致。

　　[2]"君子终日言，不在尤之中；小人一言，终身为罪"：王聘珍曰："尤，过也。《左传》昭八年传曰：'君子之言，信而有徵，故怨远于其身；小人之言，僭而无徵，故怨咎及之。'"

　　可以说的话，如果无法得到验证，则宁可不说。君子整天说，也不会有过错；小人只要一说，就会招致终生的怨咎。

　　君子乱言[而]弗殖，神言弗致[也][1]，道远日益云[2]。众信〔言〕弗主[3]，灵言弗与[4]，人言不信不和[5]。

　　[1]"乱言[而]弗殖，神言弗致[也]"："乱言而弗殖"，卢辩注

"凤绝之";"神言弗致也",卢辩注"怪力乱神,子所不语"。王聘珍曰:"殖,长也。致,至也。""致",阮元认为"如送诣也"。另,王念孙云:"各本'乱言'下衍'而'字,'致'下衍'也'字。"其说是。

　　[2]"道远日益云":卢辩注:"道远日益,积习之也。"王聘珍曰:"云,言也。道之旨远,非一言可尽,君子日益其言,言以明道也。"阮元注:"'云'乃'矣'字之误。《荀子》袭此语作'矣',杨倞云:'为道久远,自日有所益。'《曾子疾病》篇曰:'与君子游,如长日加益,而不自知也。'其言'日益',义与此同。"今从阮注。又,汪中云:"此与上下文不伦,句字疑多脱误。《荀子·大略》篇云:'君子疑则不言,未问则不立,道远日益矣。''注'云:'此语出《曾子》。'案:'云'当作'矣',上二句脱简,当补入。'道远日益云',马本无'云'字。刘台拱案:'《荀子》所引二语已见上,此不当补。其"立"字即"言"字之误。'"汪中据此以为该句接"君子疑则不言,未问则不言,两问则不行其难者"后。王念孙亦云:"余友汪氏容甫云:'乱言弗殖五句,一气相承,无容插入道远日益云五字,此五字当在上文两问则不行其难者下,云当作矣。'此承上之词也,言'君子疑则不言,未问则不言,两问则不行其难者'如此,则道远日益矣,《荀子·大略》篇'君子疑则不言,未问则不立,道远日益矣'语皆本于《曾子》,以是明之。"可聊备一说。

　　[3]"众信〔言〕弗主":卢辩注:"不主,谓金议所同,不为主。"阮元谓:"位非君卿,不当主众信。"王引之以为"信"当为"言":"各本'言'作'信',涉下'不信'而误。"俞樾亦曰:"'信'乃'言'字之误。'众言弗主'与上文'乱言而弗殖,神言弗致也'、下文'灵言弗与,人言不信不和'文法一律。"其说可从。"主"当从卢辩注,即不为意见首领、主导众议之意,《尚书·武城》"为天下逋逃主"孔颖达疏:

"主,魁首也。"《韩非子·三守》"则主恶言者"王先慎集解引顾广圻曰:"主,谓为主首也。"

[4]"灵言弗与":王聘珍谓:"《广雅》云:'灵,空也。'空言,谓口惠而实不至者。弗与,不许人也。"阮元注:"极知鬼神曰'灵','与'读如'百工与居之'之'与'。"孔广森以"灵言"为"灵异之言"。王树枏补注曰:"阮注云极知鬼神曰'灵','灵言'与'神言'一义。非是。……'灵'当为'诬'字之误。……下文'喜之而观其不诬也',注:'诬,妄也。'诬言弗与,君子不为妄说所欺。"孙诒让则曰:"'灵言'难通,孔说亦迂曲。疑'灵'当为'虚',唐人俗书'灵'字或作'靁'。'虚',俗书作'虗',二字相似,故互讹。"《广雅·释诂四》又云:"灵,巫也。"只是"巫言"与"神言"似有重叠,故从王聘珍之说。

[5]"人言不信不和":卢辩注:"不合忠信之道。"孔广森补注:"和,读'唱和'之'和'。"王聘珍曰:"和,声相应也。"

 译

君子不助长胡言乱语,不谈论神异之言,不要去主导纷纭之众说,不赞许无稽之空谈,别人说的不信实的话不要去应和。

君子不唱〔倡〕流言,不折辞,不陈人以其所能[1]。言必有主,行必有法,亲人必有方[2]。多知而无亲,博学而无方,好多而无定者[3],君子弗与也。君子多知而择焉,博学而算焉,多言而慎焉[4]。博学而无行,进给而不让，好直而径，俭而好窒者[5]，君子不与也。夸而无耻，强而无惮，好勇而忍人者[6]，君子不与也。亟达而无守[7]，好名而无体[8]，忿怒而为恶[9]，足恭[而]口圣而无常位者[10]，君子弗与也。

[1]"不唱〔倡〕流言，不折辞，不陈人以其所能"：卢辩注："言不苟。折，穷人也。"王聘珍曰："唱，导也。流言灭之，不导之使行。折，挫也。卢注云：'言不苟折穷人辞也。'聘珍谓：陈人，陈说于人也。能，谓己之功能。"王树枏曰："戴氏《文集》云：'"唱"，当作"倡"。'汪本据改。《礼·缁衣》'大人不倡游言'，正作'倡'字。""不陈人以其所能"，阮元注："陈，列也。多列所能，示人也。"

[2]"言必有主，行必有法，亲人必有方"："行必有法"，卢辩注"依前言往行也"；"亲人必有方"，卢辩注"方，犹常也"。王聘珍曰："主，本也。法，常也。《易》曰：'君子以言有物而行有恒。'亲，近也。方，道也。《易》曰：'方以类聚。'"阮元注："有主有法，如曾子主法孔子。……方，犹常也。有子曰：'因不失其亲，亦可宗也。'"

[3]"多知而无亲，博学而无方，好多而无定"：王聘珍谓："知，谓通问相知之人。《论语》曰：'泛爱众，而亲仁。'无方，谓无常也。定，犹成也。"阮元注："孔检讨云：'知，所知也。言泛爱众，而不能亲师。'……方，犹常也。博学而无常，则徒博无主法矣。……好学虽多，迁徙无定，用心躁也。"俞樾以为："下文云'君子多知而择焉，博学而算焉，多言而慎焉'，据此则本文'好多'二字亦当作'多言'。盖传写夺'言'字，又误衍'好'字耳。"王树枏亦曰："多知、博学，皆

是好多之弊。再言'好多'，则义与上无别矣，俞说是也，据改。"孔广森补注则云："知，所知也。言泛爱众而不能亲仁。"可见"多知而无亲"或指"人"而言，或指"学"而言，从下文"博学而无方，好多而无定"来看，应指"学"无疑。

[4]"君子多知而择焉，博学而算焉，多言而慎焉"：王聘珍曰："知，谓知人。择，谓择善。《论语》曰：'择其善者而从之。'《尔雅》曰：'算，数也。'郑氏《易》曰：'若夫杂物算德，辨是与非。'多言，谋议也。《论语》曰：'便便言，唯谨尔。'"阮元注："知人虽多，所亲必择。学执虽博，所行必算。算，选也，撰也。曾皙曰：'异乎三子者之撰。''算'字与'选'、'撰'义通。《汉书·公孙贺传》、《车丞相传》并引《论语》作'斗筲之人何足选'。《诗》'不可选也'，《传》训为'数'，亦'算'义也。《周礼·大司马》'撰车徒'，后郑读为'算'。故《论语》'三子之撰'，'撰'亦为选择学术之义，与此同也。""算"有"择"、"选"之意，《玉篇·竹部》云："算，择也。"《尔雅·释诂下》"算，数也"郝懿行义疏："算，通作选。"《集韵·缓韵》："算，或作选、撰。"

[5]"博学而无行，进给而不让，俭而好偟者"：王聘珍曰："进，谓进取。给，捷也。让，谓礼让。《玉篇》、《广韵》并云'径，急也。'《论语》曰：'直而无礼则绞。'郑彼注云：'绞，急也。'卢注云：'偟，塞也。言好直则太径，为俭又太逼塞于下也。'聘珍谓：《礼器》曰：'晏平仲祀其先人，豚肩不揜豆，浣衣濯冠以朝，而难为下矣。'""俭而好偟"，汪中引王念孙云："'俭而好偟'，当作'好俭而偟'。"王引之则曰："家大人曰'偟，塞也'，'好塞'之语不通。'俭而好偟'，本作'为俭而偟'，与'好直而径'对文，谓为俭而不达于礼也。今本'好'字涉上句而衍，又脱一'为'字。据卢注云'为太逼塞于下'，则'俭'

上有'为'字,而'窭'上无'好'字明矣。"又,阮元注:"博学于文,不能约之以礼,则为无行之人矣。故君子通儒以为深戒。给,谓捷给。躁于进者不能让,将为小人。小人可与事君也与哉?其未得之也,患得之;既得之,患失之。苟患失之,无所不至矣。……朱高安本作'僿',各本作'窭'。'窭',字书无此字。盖卢注'僿,窒也'之训,后因烂脱而颠倒之。阁本作'塞'者,亦'僿'之半字。且据此可知宋以前本作'僿'也。《史记·高祖本纪》赞'救僿,莫若以忠','僿'字之义可见矣。曾子'国俭'之语,见《檀弓》。王给事念孙云:'当作"好俭而僿",今字倒也。'亦可备一说。

[6]"夸而无耻,强而无惮,好勇而忍人者":王聘珍曰:"夸,谓夸毗。《尔雅》曰:'夸毗,体柔也。'郭彼注云:'屈己卑身以柔顺人也。'强,暴也。惮,惧也。忍,谓残忍。"阮元注:"夸,张布也。忍人,谓忍于害人。"若依王注,则"夸"与"强"、"好勇"相去甚远。"夸",《逸周书·谥法》云:"华言无实曰夸。"朱右曾《逸周书集训校释》云:"夸,虚也。"《吕氏春秋·本生》"非夸以名也"高诱注亦如之。《资治通鉴·汉纪二十四》"故为无所省以夸旁国"胡三省注:"夸者,自矜耀其能傲汉也。"故"夸"意为"夸矜"。"忍"即"残忍",《新书·道术》云:"恻隐怜人谓之慈,反慈为忍。"《诗·大雅·桑柔》"维彼忍心"朱熹集传:"忍,残忍也。"《资治通鉴·陈纪九》"徒表安忍之怀"胡三省注同之。"忍人"者谓对他人残忍。

[7]"亟达而无守":卢辩注:"亟,数也。数自达而无所守。"孔广森补注:"亟,急也。急于求通达,所云'邦家必闻'者也。"阮元注:"慕通达者不能守礼,其敝也废事而奢鄙。"俞樾以为:"卢训'亟'为'数','数'亦'急'也。上文云'行无求,数有名;事无求,数有成',注曰:'"数"犹"促速"。'此古人以'数'为'急'之证。《尔

雅·释诂》:'数,疾也。'《礼记·曾子问》篇'不知其已之迟数'郑注曰:'数,读为速。'孔氏《补注》当申明'数'字之义以存古训,不必改训为'急'。"

[8]"好名而无体":卢辩注:"无容体。"王聘珍曰:"体,行也。"阮元注:"好虚名而无实践之行。"并释曰:"《说文》'礼,履也'、《大孝》篇曰'礼者,体此者也',皆实践之义。"王树枏引胡珩言"体犹实也"并认为其较卢注为胜。"体"与"名"相对,如阮氏训为"实践"亦可通,然不如训"质"为切,《庄子·天地》"形体保神"成玄英疏:"体,质也。""好名而无体"意为有名无实。

[9]"忿怒而为恶":卢辩注:"不以为恶。或曰:'无恶而怒。'"王聘珍曰:"为,作也,因忿怒而作恶也。"阮元云:"殿本作'忿怒而无恶'。"王引之引王念孙曰:"'忿怒而为恶',本作'忿怒而无恶',而无二字。与上下文同一例。今本'无'作'为'者,涉注文'为恶'而误耳。案卢注云'不以为恶','不'字正释'无'字。下又云'或曰无恶而怒',则正文之作'无恶'甚明。若作'为恶',则与注相反矣。"然若作"忿怒而无恶",其意又与"君子弗与也"相悖,故不从王念孙之说。

[10]"足恭[而]口圣而无常位者":王聘珍曰:"足恭,谓便辟其足,前却为恭,以形体顺从于人。圣,通也。口圣,谓柔顺其口,捷给为通,以言语餂取人意。位者,立也。凡若此者,皆不知礼,无以立也。"阮元注大致相同:"足恭,以足便辟为恭容也。口圣,自言圣也。《诗》曰:'具曰予圣。'孔子曰:'君子不失足于人,不失色于人,不失口于人。'……无常位,无方,无定也。"孔广森补注:"足恭,便辟为恭也。口圣,大言自圣也。"王树枏云:"'口圣'上'而'字衍,当作'足恭口圣而无常位者',各校本皆有,今删。"其说可从。

"位",当如王聘珍所说,意为"立"。又,疑"足恭而口圣"单独为句,"而无常位者"上有脱文。

君子不倡发流言蜚语,不穷折别人的言辞,不向别人炫耀自己之所能;说话一定要有根据,行为要有常法,亲近别人要依循其道。那些交往众多却没有可亲近之人、学问广博却未加择选、喜欢广泛涉猎却没有定向的人,君子是不赞许的。君子是相识的人虽多却有所选择、知识广博却有所考量、话语虽多却能保持慎重。那些学问虽博却未能加以实践、急功近利而不知谦让、号称爽直却焦急暴躁、对人吝啬而生性顽固之人,君子是不赞许的。那些夸夸其谈而无廉耻、刚强而无所畏惮、性情勇猛却残忍之人,君子是不赞许的。那些急于求成却无所持守、贪慕虚名却无其实、被人触犯就愤怒作恶、表面恭顺自视甚高却没有恒定操守的人,君子是不赞许的。

巧言令色,能小行而笃,难于仁矣[1]。嗜酤酒,好讴歌,巷游而乡居〔踞〕者乎[2],吾无望焉耳。出入不时,言语不序,安易而乐暴,惧之而不恐,说之而不听[3],虽有圣人亦无若何矣。临事而不敬,居丧而不哀,祭祀而不畏,朝廷而不恭[4],则吾无由知之矣。

[1]"巧言令色,能小行而笃,难于仁矣":王聘珍曰:"笃,固

也。《论语》曰：'巧言令色鲜矣仁。'又曰：'好行小慧难以哉！'"孔广森补注："笃难，甚难也。"王树枏认为，孔广森"盖以'而笃'连下读，阮校从。阁本作'巧言而无能，小行而笃，难为仁矣'，注云：'能，耐也。贤者坚于事，故能也。"小行"即子夏所言'致远恐泥'之'小道'。笃，胶也，固也。'今案：二说皆非也。本作'巧言令色，小行能笃于仁，难矣乎'。'巧言令色'句，'小行能笃于仁'句，'难矣乎'句。'能'，'而'也，古字通用。'笃'，《说文》'马行顿迟也'，古假借'笃'为'竺'字。竺，厚也。……小行，即好行小慧之人。小行则后于仁、病于仁。此盖袭《论语》'巧言令色鲜矣仁'、'好行小慧难矣仁'二句之文，校书者以'而'字注于'能'字之旁，后人遂以'而'字入于正文，而倒'能'字于'小行'之上，又误倒'难'字于'仁'上，倒'乎'字于'乡饮者'下，而此文遂错乱而不可读矣。"该句阮元据阁本改为："巧言而无能，小行而笃，难为仁矣。"曰："各本皆作'巧言令色，能小行'，惟阁本作'巧言而无能'，阁本是也。各本盖有缺烂之字，校者臆以'令色'二字补之耳。阁本作'难为仁矣'，《论语》曾子曰'难于并为仁矣'，词例与此同。各本皆作'与仁'，'与'乃'为'形近之讹。又案，旧读皆以'笃'字连下四字断句，其义难通。"又，俞樾认为"而"字疑"不"字之误，而"能"字即"而"义，"能"、"而"古通用，"谓巧言令色而小行不笃也，故曰'难于仁矣'"。其说过于迂曲，今取阮说。

［2］"嗜酤酒，好讴歌，巷游而乡居〔踞〕者乎"：王聘珍曰："《说文》云：'酤，一宿酒也，一曰买酒也。讴，齐歌也。巷，里中道。乡，国离邑民所封乡也，啬夫别治。'"阮元曰："酤，买也。"孔广森补注："酒一宿熟者曰酤。或谓之鸡鸣酒。"于鬯以为："'酤'当从孔广森补注解为'酒一宿熟者'。'嗜酤酒'与'好讴歌'为对。""居"字，于

邕云："'居'字依《说文》即'踞'字。《尸部》云：'居，蹲也。俗文作"踞"。'《足部》又出'踞'字，亦云'蹲'也。益明'居'、'踞'同字训'蹲'，则引伸即为傲慢不逊之意。与'倨'字亦近。《说文·人部》云：'倨，不逊也。'上文卢注云：'倨犹慢也。'《荀子·修身》篇杨注云：'倨，傲也。''乡居'者，即谓其于乡党中傲慢不逊。注家皆于此'居'字阙而不释。若泛作'居处'解，则无义矣。又如高安本'居'字作'饮'，此必误以'居处'解'居'字，病其无义，又因卢注有'游饮'字，而遂妄改'居'为'饮'，不知上文已言'嗜酤酒'，即此文不得复言'饮'。且乡饮亦有礼，何得与巷游同诮乎？'巷游'者，于里巷中游荡废业也。'乡居'者，于乡党中傲慢不逊也。'巷游'、'乡居'文正为对，其人品亦正齐类也。《论语·乡党》篇云：'孔子于乡党，恂恂如也，似不能言者。'其温恭逊顺如此。是即君子于乡党之礼。今乃反之，则尚可望其为君子乎？故曰'吾无望焉耳'。"于邕之说义长，可从。

[3]"出入不时，言语不序，安易而乐暴，惧之而不恐，说之而不听"：王聘珍曰："安易，谓以简易为安。乐暴，谓以残暴为乐。恐，畏也。听，从也。"

[4]"临事而不敬，居丧而不哀，祭祀而不畏，朝廷而不恭"："临事而不敬"，卢辩注"惰于从事"；"居丧而不哀，祭祀而不畏"，卢辩注"不畏其神"。王聘珍曰："畏，敬也。恭，肃也。《论语》曰：'居上不宽，为礼不敬，临丧不哀，吾何以观之哉！'"阮元注："畏于鬼神，恭于君卿。"

花言巧语却无内在实质、胶泥于小事是难以做到"仁"的。嗜好饮酒、喜欢放声高歌、整天游手好闲并在乡党中傲慢不逊,我对这些人是不抱希望的。出入不守时、言语杂乱无序、以简易为安、以残暴为乐、吓唬他也不害怕、劝说他也不听从,即便圣人对他也无可奈何。做事不恭敬慎重、遭遇丧事也不哀戚、祭祀鬼神而不敬畏、在朝堂上不严肃恭谨,那我就不知道他们(有什么价值)了。

三十四十之间而无艺,即无艺矣[1];五十而不以善闻矣[2],[则无闻也;]七十而无德,虽有微过,亦可以勉矣[3]。其少不讽诵,其壮不论议,其老不教诲[4],亦可谓无业之人矣[5]。

[1]"三十四十之间而无艺,即无艺矣":王聘珍曰:"艺,谓道艺也。《内则》曰:'三十博学无方,逊友视志。四十方物出谋发虑。'此时犹不能于道艺,则时过难成,可以决其无艺矣。"阮元曰:"艺,六艺,礼、乐、射、御、书、数也。孔子曰:'吾不试,故艺。'又曰:'吾何执?执御乎?执射乎?'孔子以《诗》《书》、礼、乐、射、御教,弟子盖三千焉。身通六艺者七十有七人,今三十、四十之间无艺,则学不能及矣。无艺者,不能学周礼威仪,不能通诗歌钟律,不能闲习射御,不识六书形声,不明九章算术。""即",王树枏曰:"'即',《子略》《意林》并作'则',阮本、汪本据改'则'。今案:'即'亦'则'也。"意思是年到三十、四十还不能通于六艺,则已过其时矣。

[2]"五十而不以善闻矣":王聘珍曰:"无艺之人,亦安有善可

闻乎？《论语》曰：'四十五十而无闻焉，斯亦不足畏也已。'"阮元释曰："旧本脱'则无闻'三字，马总《意林》、高似孙《子略》及阁本皆有之。"阮氏据此补为："五十而不以善闻矣，则无闻矣。"孔广森亦曰："宋本脱'则无闻'三字，从卢本增。"今从之。

〔3〕"七十而无德，虽有微过，亦可以勉矣"：卢辩注："言其过不大也。"孔广森补注："勉，当读为'免'，言不足责也。"王聘珍曰："'勉'读曰'免官'之'免'，谓退止之也。言人老而无德，虽小过当赦，亦宜免退，不与之执事也。"阮元注："'勉'，读为'免'。《汉书》薛宣、谷永传皆以'勉'为'免'，古字可互借也。可免者，言不足责。"与孔广森同。卢注语焉不详，不知如何解"勉"。阮注、孔注与上文二句不合。此从王注。"勉"读为"免"，《广韵·狝韵》云："免，黜也。"三十四十而无艺、五十而不以善闻，则七十自然无德，其过不当因年老而得免责，"七十而无德，虽有微过，亦可以勉矣"意为即便到了七十岁，小过亦当受责、被黜。

〔4〕"其少不讽诵，其壮不论议"：《荀子·大略》篇作"少不讽，壮不论议"。王聘珍曰："讽诵，谓习诗书六艺之文。郑注《大司乐》云：'倍文曰讽，以声节之曰诵。'论议，谓讲学若出谋发虑也。"阮元注："《诗》、《书》、礼、乐诸艺文皆当讽诵，古今为学之道当论议。"

〔5〕"其老不教诲"：阮元引孔子曰："少而不学，长无能也；老而不教，死无思也。是故君子少思长则学，老思死则教。"

〔6〕"亦可谓无业之人矣"：王聘珍曰："业，事也。无业者，惰游之士也。"

年到三十、四十还不通六艺，也就没有道艺了；到五十岁还没有美名可以称道于世,也就止步于此了;到七十岁时还没有德操,即便犯了小过错也当受到责备或者远黜。年轻的时候不讽诵学习,壮年的时候不能发表看法提出见解,年老的时候不教诲弟子传授知识,可以说是一辈子也没能做成什么事业了。

少称不弟焉,耻也;壮称无德焉,辱也;老称无礼焉,罪也[1]。过而不能改,倦也[2];行而不能遂,耻也[3];慕善人而不与焉,辱也;弗知而不问焉,固也[4];说而不能,穷也[5];喜怒异虑,惑也[6];不能行而言之,诬也;非其事而居之,矫也[7];道言而饰其辞,虚也[8];无益而食厚禄,窃也[9];好道烦言,乱也[10];杀人而不戚焉,贼也。

注

[1] "少称不弟焉,耻也;壮称无德焉,辱也;老称无礼焉,罪也":王聘珍曰:"不弟,谓不逊弟也。德者,内得于己也,外得于人也。辱,污也。无德则流于污下。《射义》曰:'耆耋好礼,不从流俗。'无礼则败常乱俗。罪,古作辠。《广韵》云:'辠,自辛也。'言蹙鼻辛苦之忧。"《礼记·服问》"罪多而刑五"陆德明释文:"'罪',本或作'辠'。'辠',正字也。秦始皇以其似'皇'字,改为'罪'也。"

[2] "过而不能改,倦也":卢辩注:"倦,倾病人。"阮元注:"倦,罢也。"《说文》:"倦,罢也。"《吕氏春秋·论人》"致远复食而不倦"高诱亦注:"倦,罢也。"

　　[3]"行而不能遂,耻也":王聘珍曰:"遂,成也。"阮元注:"遂,达也。"《逸周书·常训》"顺政曰遂"朱右曾《逸周书集训校释》、《国语·晋语三》"置而不遂"韦昭注、《荀子·礼论》"动而远所以遂敬也"杨倞注、《吕氏春秋·去私》"万物得遂长焉"高诱注、《汉书·景帝纪》"幼孤得遂长"颜师古注等均谓:"遂,成也。"《国语·晋语四》"不遂其媾"韦昭注、《逸周书·周祝》"逡巡而退,其不遂"孔晁注:"遂,终也。""行而不能遂"意为虽有所行却不能有所成、有所终。

　　[4]"弗知而不问焉,固也":卢辩注:"固,专固也。"阮元云:"固,谓鄙固。""固"应为"鄙固"之意,《论语·宪问》"非敢为佞也,疾固"朱熹集注:"固,执一而不通。""弗知而不问焉,固也",意为不事问学、坚持己见、固步自封。

　　[5]"说而不能,穷也":王聘珍曰:"说,谓分别解说事理也。穷,困也。"意思是向其解说而不能理解,因而处于困境。阮元注:"《曾子制言》篇曰:'暗惑终世,是穷民也。'"按,《曾子制言上》记载曾子曰:"不能则学,疑则问,欲行则比贤,虽有险道,循行达矣。今之弟子,病下人,不知事贤,耻不知而又不问,欲作则其知不足,是以惑暗,惑暗终其世而已矣,是谓穷民也。"因而所谓"穷民"是指无力于学或者不学所导致的愚昧无知之状态。"说而不能"应与"喜怒异虑"一样指人自身而言,非指对他人的教化与解说。"说","悦"也,即认可别人的观点。《庄子·让王》、《吕氏春秋·慎人》、《风俗通义·穷通》皆云:"穷于道之谓穷。""穷","困"也,《荀子·富国》"乱则穷"杨倞注、《战国策·秦策二》"公孙衍欲穷张仪"高诱注:"穷,困也。""说而不能,穷也"意为虽悦于道,然而却故步自封、止步不前,这叫作"穷"。

　　[6]"喜怒异虑,惑也":王聘珍曰:"虑,思也。异虑者,逐物而

迁,不与心谋也。"阮元注:"孔子曰:'既欲其生,又欲其死,是惑也。'"按,邢昺疏《论语》云:"言人心爱恶当须有常。若人有顺己,己即爱之,便欲其生;此人忽逆于己,己即恶之,则愿其死。一欲生之,一欲死之,用心无常,是惑。"亦即无常性而随外界之环境、自身之喜怒而变化不定,是谓惶惑。

[7]"不能行而言之,诬也;非其事而居之,矫也":王聘珍曰:"诬,欺也;矫,诈也。"阮元注:"矫,诈伪也。"《玉篇·言部》:"诬,欺罔也。"《左传·襄公十四年》"不可诬也"杜预注:"诬,欺也。""事"乃指事功,《墨子·亲士》"其事也"孙诒让《墨子闲诂》引毕云:"事,谓事功。""非其事而居之"指窃他人之功。"矫",《广韵·小韵》云:"诈也。"《尚书·仲虺之诰》"矫诬上天"孔颖达疏、《汉书·高后纪》"乃令持节矫内勃北军"颜师古注等亦如之。《管子·君臣上》"是以上及下之事,谓之矫"尹知章则注:"矫,伪也。"

[8]"道言而饰其辞,虚也":卢辩注:"谓道听来言,文饰其辞也。"王聘珍曰:"道言,谓道听途说,加以文饰。虚,空也。"孔广森补注:"谓道听来言,文饰其辞也。"阮元注:"称道人言,加以虚饰。"然三注均未能说明何谓之"虚"。按,"道言而饰其辞,虚也"应指以道听途说之言以文饰自身之辞,非出于自身之实情,故而为虚、为空。"而"训"以"。

[9]"好道烦言,乱也":王聘珍曰:"好道,好言也。烦,繁也。"阮元注:"'烦'读为'忿'。'烦言',忿争之言。……'烦'、'忿'一声之转,故《本孝》篇曰:'烦言不及于己。'《大孝》篇曰:'忿言不及于己。'又《左传》定四年传杜注曰:'烦言,忿争。'"二说皆通。

年轻的时候就有不敬顺兄长的名声，是羞耻的；壮年时被指无德，是耻辱的；年老的时候还有无礼的名声，是可忧的。有了过错而不能改正，是倦怠；行动不能坚持到底，是羞耻；仰慕善人却不追随他，是耻辱；不明白却又不去请教，是愚昧固执；认可别人的说法却又做不到，是止步不前；喜怒无常而不用心，是疑惑不定；做不到却要四处宣扬，是欺骗；不是自己完成的却要贪功，是欺诈；以道听途说来文饰自己的言辞，是虚伪；没有贡献却尊享厚禄，是偷窃；喜欢说话且说得烦杂，是纷乱；杀人却无哀戚之情，是残忍。

人言不善而不违，近于说其言[1]；说其言，殆于以身近之也；殆于以身近之，殆于身之矣[2]。人言善而色葸焉，近于不说其言[3]；不说其言，殆于以身近之也[4]；殆于以身近之，殆于身之矣。

[1]"人言不善而不违，近于说其言"："不违"，卢辩注："色顺之也。"王聘珍曰："违，远也。'说'读曰'悦'。""违"或训为"去"、"避"。《诗·召南·殷其雷》"何斯违斯"毛传、《左传·闵公二年》"不如违之"杜预注、《国语·鲁语上》"则请纳禄与车服而违署"韦昭注、《论语·公冶长》"弃而违之"皇侃疏等谓："违，去也。"《国语·周语中》"未能违难"韦昭注、《庄子·齐物论》"不就利，不违害"成玄英疏等谓："违，避也。""违"又可训为"背"、"逆"，如《广

雅·释诂二》："违,俖也。"《论语·子路》"唯其言而莫予违也"刘宝楠正义："违,背也。"《尚书·秦誓》"人之彦圣而违之"蔡沈集传："违,背违之。"《希麟音义》卷三"衍违"注引《切韵》："违,背也,亦逆也。"其间或有程度之不同,但其指对"不善"敬而远之的态度则显而易见。

[2]"说其言,殆于以身近之也;殆于以身近之,殆于身之矣":卢辩曰："殆,危也。"并且认为"殆于以身近之"意为"言危于以身近之";"殆于身之矣"意为"危害于身"。孔广森认为卢辩"此解失之":"殆,几也。悦之则几于近之,近之则几于身为之。"其说为是。王聘珍曰："殆,几也。身近,谓身附之也。身之,谓身亲为不善矣。"阮元曰："元谓说其言,非身为不善,然近于为不善。……近于为不善,则将身为不善矣。"

[3]"人言善而色葸焉":"葸",卢辩注："不悦绎之貌。"王聘珍曰:"葸,畏惧貌。"孔广森补注:"葸,畏难也。"《玉篇·艸部》、《广韵·止韵》皆以"葸"为"畏惧",《论语·泰伯》"慎而无礼则葸"何晏集解:"葸,畏惧之貌。"皇侃疏:"葸,畏惧过甚也。"

[4]"不说其言,殆于以身近之也":卢辩以为:"'远',当字误为'近'。"孔广森补注:"不悦善言,则亦几于以身近不善矣,其去身为不善者亦几希矣。此深言乐善之当速,违恶之当严也。"并且指出:"宋本注作'"近",当字误为"远"',讹。此于诸家注体宜云:'近'字误,当为'远'。唯卢君文例先出所破字,下为某者,本经字也,前后皆然,然愚意此'近'字似不误。"王树枏曰:"卢注云:'"近"当字误为"远"。'则正文本是'远'字,后人因注说而改为'近',非卢本之旧矣。汪本改'远',是,今从之。"阮元谓:"卢仆射注谓此节'近'字当作'远'字,非也。孔检讨仍读为'近',是也。盖两节以

'身近之'皆属之不善者为言,非属之言善、言不善之人也。戴庭常校改'近之'为'远之','身之'为'反之',皆非是。次节'近身'二字,亦同是一意,而略分浅深。若改'近'为'远',则'身'字终难再改。"今从阮说。

对于别人的不善之言,却依然恭顺地聆听,那就接近于认同其说了;认同其说,就近似于亲近不善了;近似于去亲近不善,那就几乎等同于亲身去做不善之事了。对于别人的善言善语显露出畏难的样子,那就接近于不喜欢这些话了;不喜欢善言,就近似于去亲近不善;近似于去亲近不善,就几乎等同于亲身去做不善之事了。

故目者心之浮也[1],言者行之指也[2],作于中则播于外也[3]。故曰:以其见者,占其隐者[4]。故曰:听其言也,可以知其所好矣。观说之流,可以知其术也[5]。久而复之,可以知其信矣[6]。观其所爱亲,可以知其人矣[7]。临惧之而观其不恐也[8],怒之而观其不惛也[9],喜之而观其不诬也[10],近诸色而观其不逾也[11],饮食之而观其有常也,利之而观其能让也,居哀而观其贞也[12],居约而观其不营也[13];勤劳之而观其不扰人也[14]。

注

　　[1]"目者心之浮也"：王聘珍曰："浮，孚也。""浮"与"孚"通，《礼记·聘义》"孚尹旁达"郑玄注："孚，读为浮。"孔颖达疏："孚，浮也。浮者，在外之名。"阮元注："浮于外，如孟子察人眸子瞭眊。"王树枏指出："'浮'，《韩诗外传》作'符'，'符'、'浮'古通。《礼记·投壶》'若是者浮'注云：'"浮"，或作"符"。'《释名·释言》云：'浮，孚也。''孚'亦通'符'。"兹从阮注。

　　[2]"言者行之指也"：王聘珍曰："指，示也。《论语》曰：'听其言而信其行。'"有学者将"指"解释为"指南"，该句意为"言语是行动的指南"，然所谓"作于中则播于外"，相对于"心"而言"目"是"外"，那么"言"是"外"而"行"是"中"，以言语来指导行动显然解释不通。"示"，《尔雅·释言》、《广韵·旨韵》皆云："指，示也。"《素问·玉版要论》"所指不同"张志聪《黄帝内经素问集注》亦云："指，示也。"该句应意为：言语是行为的呈现。

　　[3]"作于中则播于外也"：王聘珍曰："作，动也。播，扬也。""作"可释为"动"，如《诗·小雅·十月之交》"胡为我作"朱熹集传、《荀子·解蔽》"作之"杨倞注等。"作"又可释为"兴"或者"起"。《尔雅·释诂下》"渟，作也"邢昺疏："作，兴作也。"《尚书·说命下》"作我先王"蔡沈集传云："作，兴起也。"《孟子·公孙丑上》"且王者不作"焦循正义："作，兴也。"《易·离·象传》"明两作离"郑玄注、《尚书·说命下》"昔先正保衡作我先王"孔安国传、《国语·晋语八》"死者若可作也"韦昭注等则训为"起"。"播"，《玉篇·手部》、《广韵·过韵》均释为"扬"，《左传·昭公四年》"播于诸侯"杜预注亦如之，《周礼·春官·大师》"皆播之以八音"郑玄注："播，犹扬也。"又，阮元指出："元本'则'作'而'。"作"则"字偏向于强调"播于

外"之后果;作"而"字则偏向于强调"作于中"之重要性。

[4]"以其见者,占其隐者":王聘珍曰:"占,视也。卢注云:'见隐,谓心目也。'"阮元注:"占,若卜也。""隐"意为"隐秘"或"隐藏"之意,《易·系辞上》"探赜索隐"孔颖达疏:"隐,谓隐藏。"《史记·楚世家》"愿有进隐"裴骃集解:"隐,谓隐藏其意。""占"或意为"億度",《尔雅·释言》"隐,占也"郝懿行义疏:"占者,億度之词。"意思是通过外在的表现来窥度其内在的隐秘或真实。

[5]"观说之流,可以知其术也":卢辩注:"流谓部分。术,心术也。"阮元注:"流,谓言流于口。《诗》曰:'巧言如流。'""见"与"隐"相对,"言"与"所好"相对,"说之流"自当与"术"相对,一者内、一者外。"流"或应训为"末",《广雅·释诂一》:"流,末也。"王念孙疏证:"水本曰原,末曰流。"《汉书·东方朔传》"欲闻流议者三年于兹矣"颜师古注:"流,末流也。""说之流"意为"说"作为末流,以与"术"作为"本"相对。

[6]"久而复之,可以知其信矣":王聘珍谓:"复者,复其言也。信,诚也。《论语》曰:'久要不忘平生之言,亦可以为成人矣。'"孔广森补注:"复,如'言可复也'之'复'。"

[7]"观其所爱亲,可以知其人矣":王聘珍曰:"爱亲,谓所亲爱之人。语云'不知其人,视其友'也。"于鬯案:"'人'当读为'仁'。《易·系传》'何以守位曰人',陆释云:'"人",王肃本作"仁"。'《论语·里仁》篇'斯知仁矣',《汉书·吴祐传》引'仁'作'人'。《卫灵公》篇'无求生以害仁',唐石经'仁'亦作'人'。是'仁'、'人'古通用。爱亲者,仁也,故曰'可以知其仁'。若谓'知其人',则不当偏观其爱亲矣。且上文云'可以知其好'、'可以知其术'、'可以知其信',以'好'、'术'、'信'字义例观之,此'人'字读为'仁'尤无疑

矣。"亦可备一说。

[8]"临惧之而观其不恐也":王聘珍曰:"自上莅下曰临。"

[9]"怒之而观其不惛也":卢辩注:"惛,乱也。"

[10]"喜之而观其不诬也":卢辩注:"诬,妄也。"王引之引王念孙曰:"'喜'与'诬'、'妄'义不相承。'诬'当为'轻'。《荀子·不苟》篇君子'喜则和而理'、小人'喜则轻而翾',杨倞注曰:'轻谓轻佻失据,是喜而不轻者,惟君子能之,故曰喜之而观其不轻。'《文王官人》篇曰'喜之以物以观其不轻',是其明证也。"阮元从王说,并释曰:"人喜,则意态轻浮,故《文王官人》篇曰:'喜之,以观其不轻也。'"王说可从,《文选·嵇康〈养生论〉》"固不可诬也"刘良注:"诬,轻也。"

[11]"近诸色而观其不逾也":"逾"可释为"越"。《说文》:"逾,越也。"《诗·郑风·将仲子》"无逾我里"毛传:"逾,越也。""逾"又可释为"过",《淮南子·主术》"逾于千里"高诱注:"逾,犹过也。"意思是逾越了规矩、超过了界限。

[12]"居哀而观其贞也":卢辩注:"《文王》曰:'省其丧,观其贞良也。'"《周礼·春官·大祝》"求永贞"郑玄注、《国语·晋语四》"元亨利贞"韦昭注、《管子·侈靡》"故至贞正"尹知章注均释"贞"为"正"。《易·乾·文言》"安贞之吉"孔颖达疏:"贞,谓贞正。"《论语·卫灵公》"君子贞而不谅"朱熹集注:"贞,正而固也。"

[13]"居约而观其不营也":王聘珍曰:"约,贫困也。营,惑也。"阮元注:"约不惑乱,乃为安贫。"《吕氏春秋·尊师》"心则无营"高诱注:"营,惑也。"《读书杂志·汉书第四·礼乐志》"以营乱富贵之耳目"王念孙亦按:"营者,惑也。"或释为"乱",《淮南子·精神训》"而物无能营"高诱注:"营,一曰乱。"《逸周书·官人》"烦乱

以事而志不营"朱右曾《逸周书集训校释》云："营，惑乱也。"

[14]"勤劳之而观其不扰人也"：王聘珍曰："扰，挠也。不扰人，言不为人所扰。"阮元注："扰，烦也。""扰"，或训为"烦"，如《说文·手部》云"扰，烦也"、《汉书·武帝纪》"何纷然其扰也"颜师古注亦以"扰"为"烦"；或训为"乱"，如《尚书·胤征》"俶扰天纪"孔安国传、《吕氏春秋·审分》"若此则百官恫扰"高诱注等。然"烦"或"乱"于此处均不贴切。"扰"当训为"躁扰"，《方言》卷六"塞、妯，扰也"郭璞注："扰，谓躁扰也。"又，阮元释曰："宋本作'动'，元本作'勤'，元本义长。'扰'下，各本有'人'字，今据删。"或可备一说。

因此说眼睛是心灵的表征，言语是行为的呈现，心中切实有想法自然就会表现出来，因此可以从外在的表现来探寻其内心的隐秘。所以说，从个人的见解中可以知道他的喜好，分析其流露出来的话语就可以知道他的心术。其言行是否可以经受长期的考验，就可以确知他有无诚信；从其所喜爱亲近的人，可以知道他自己是个什么样的人。使他面对恐惧来看他会不会害怕，使他发怒来看他会不会胡作非为，使他高兴来看他会不会轻浮，使他接近女色来看他会不会逾越礼制，使他饮食来看他有没有常度，使他得利来看他能不能礼让，使他悲戚来看他能否正固，使他身处贫困来看他会不会惑乱，使他劳苦从事来看他会不会去躁扰别人。

君子之于不善也，身勿为，可能也；色勿为，不可能也[1]。色[也]勿为,可能也;心[思]勿为,不可能也[2]。太上乐善,其次安之,其下亦能自强[3]。仁者乐道,智者利道[4];愚者从,弱者畏[5]。不愚不弱,执诬以强,亦可谓弃民矣[6]。太上不生恶,其次〈生〉而能凤绝之也,其下复而能改也[7]。复而不改,殒身覆家,大者倾[覆]社稷[8]。是故君子出言以鄂鄂,行身以战战,亦殆勉〔免〕于罪矣[9]。是故君子为小由为大也[10],居由仕也[11],备则未为备也,而勿虑存焉[12]。

注

[1]"身勿为,可能也;色勿为,不可能也":卢辩注:"无奈形于色也。"王聘珍曰:"勿者,禁止之辞。为,作也。能之为言耐也。"阮元释曰:"《群书治要》'身勿为'下有'可'字,从之。今本皆无之。"阮说可从。"能"可训为"耐",如《吕氏春秋·审时》"得时者忍饥"高诱注:"忍犹能也。能,耐也。"《汉书·食货志上》"能风与旱"颜师古注:"能,读曰耐也。"然此处当如本字。

[2]"色[也]勿为,可能也;心[思]勿为,不可能也":王聘珍曰:"言人于不善,虽强制于外,而不可强制于中也。故为学必克己复礼,而观人必察其所安。"孔广森补注:"言君子之屏去不善,无所勉强于心色之间,是人所难能也。"阮元注:"'色也','也'字衍。丁教授杰云:'"也"、"色"二字易讹。校者正"也"为"色",而又衍"也"字。'"又,王树枏云:"《群书治要》无'思'字。'思'字盖衍文,今据删。"阮、王说可从。

[3]"太上乐善,其次安之,其下亦能自强":卢辩注:"'太上乐

善',太上,德之最上者,谓其心不为也。'其次安之',其次,德之次者,谓其色不为也。'其下亦能自强',谓其身不为。太上谓五帝,其次谓三王,其下谓五霸。《孟子》曰:'尧舜性之,汤武身之,五霸假之。'""自强",阮元注:"勉强为善。"又,阮元据《群书治要》在"其下亦能自强"下补"也"字,而"今本皆无",王树枬则不从阮说。

[4]"仁者乐道,智者利道":卢辩注:"上者率其性也。次者利而为之。"王聘珍云:"利,贪也。"阮元曰:"《中庸》曰:'或安而行之,或利而行之,或勉强而行之,及其成功一也。'《论语》曰:'仁者安仁,知者利仁。'"

[5]"愚者从,弱者畏":王聘珍曰:"愚者,不明。弱者,不强。从,听也,谓可羁而从也。畏者,畏威也。《表记》曰:'仁者安仁,智者利仁,畏罪者强仁。'"阮元注:"愚者徒从不能为,弱者欲为而畏难。"

[6]"不愚不弱,执诬以强,亦可谓弃民矣":卢辩注:"自执而诬于善。"王广森补注:"此'强',读如'屈强'之'强'。"王聘珍曰:"执,摄也。诬,罔也。以恶取善曰诬。强,暴也。古者弃民,屏之远方,终身不齿。"阮元注:"自执诬说,强不为善。"

[7]"太上不生恶,其次〈生〉而能凤绝之也,其下复而能改也":王聘珍曰:"自无而有曰生。凤,早也。绝,灭也。"孔广森注:"复,贰也。凤绝之,不贰过也。贰而改之,犹无过也。"王念孙曰:"'而能凤绝'上当有'生'字。'生'与'不生'对文。'而能凤绝之',亦与'复而能改'对文。卢注云'有意而随绝之','有意'二字,正解'生'字。今本脱'生'字,则文不成义。上文'祸之所由生,自纤纤也,是故君子凤绝之',亦上言'生'而下言'绝'也。《群书治要》引《曾子》,正作'生而能凤绝之'。"阮元则认为:"《曾子》文法有以

'而'字直接上文者,如上'而无常位'是也。故'生'字亦未敢遽增。"有无"生"字于其义无伤大雅,然从文法对仗来看,当从王说增补一"生"字。

[8]"复而不改,殒身覆家,大者倾[覆]社稷":王聘珍曰:"殒,殁也。覆,败也。《孟子》曰:'诸侯不仁,不保社稷;卿大夫不仁,不保宗庙;士庶人不仁,不保四体。'"阮元注:"殒,殁也。……《论语》曾子曰:'士不可以不弘毅,任重而道远。'《孝经》孔子曰:'富贵不离其身,然后能保其社稷,而和其民人。《诗》曰:"战战兢兢,如临深渊,如履薄冰。"'"又,"大者倾覆社稷"阮元作"大者倾社稷"并释曰:"《群书治要》作'倾社稷',今本'倾'下皆多'覆'字。"其说可从。

[9]"出言以鄂鄂,行身以战战,亦殆勉〔免〕于罪矣":卢辩注:"鄂鄂,辨厉也。"阮元注:"'鄂'与'咢'通借。鄂,言相逆也。勉,读为'免'。"并释曰:"《说文》无'谔'字。'谔',俗字也。……《韩诗外传》曰:'愿为鄂鄂之臣。'《史记·赵世家》所引不误。今本作'谔',误也。郑氏《坊记》注云:'子于父母,尚和顺,不用鄂鄂。'《释文》:'本又作"谔"。''谔',俗字也,《汉书·韦贤传》作'咢咢'。"《广雅·释训》"谔谔,语也"王念孙疏证:"《大戴礼记·曾子立事》篇:'君子出言以鄂鄂。'《史记·商君传》云:'千人之诺诺,不如一士之谔谔。'《汉书·韦贤传》云:'咢咢黄发。'《盐铁论·国病》篇云:'今辩讼愕愕让。'并字异而义同。"《礼记·坊记》"微谏不倦"郑玄注"不用鄂鄂"陆德明释文:"鄂,本又作谔。""谔",《玉部·言部》云:"谔,正直之言也。"《集韵·铎韵》:"谔,谔谔,直言。"然而直言未必能免于罪。"愕",《广雅·释诂一》、《玉篇·心部》均云:"愕,惊也。"《汉书·张良传》"良愕然"颜师古注:"愕,惊貌也。""愕愕"与"战战"类似,指其战战兢兢之貌。

[10]"为小由为大也":"由",卢辩注:"古通以为'犹'字。"王聘珍曰:"'由'读曰'犹'。"《左传·庄公十四年》"犹有妖乎"孔颖达疏:"古者'由'、'犹'二字义得通用。"《荀子·富国》"由将不足以免也"杨倞注:"由,与犹同。"《孟子·离娄下》"其横逆由是也"朱熹集注亦如是。

[11]"居由仕也":卢辩注:"故曰:父母为严君,子孙为臣民也。"王聘珍曰:"居,谓居家也。"阮元认为其义如孔子曰:"《书》云:'孝乎为孝,友于兄弟,施于有政。'是亦为政。"意为居家就当像出仕一般慎重。

[12]"备则未为备也,而勿虑存焉":卢辩注:"恒谦虚也,不忘危也。"王聘珍云:"《祭统》曰:'上则顺于鬼神,外则顺于君长,内则以孝于亲,如此之谓备。''而'读曰'能'。虑,思也。存,省也。言备既未备,能不自省乎?"依王聘珍之意,该句当为:"备则未为备也,而勿虑存焉?"孔广森补注:"推家而致之国,事有小大,人有众寡,其道亦未备也。然能齐其家而国有勿虑难治之理,存乎此矣。"意为虽"为小"、"居"家,然其中自有大道存焉。王引之引王念孙曰:"勿虑,犹言无虑,语之转耳。高注《淮南子·俶真》篇云:'无虑,大数名也。'言治国之道虽未备而大较已存乎此矣。卢注谬。"《荀子·王制》"虑以王命全其力"王念孙按:"虑,犹大氐也。"今从孔、王之说。该句意思是尽管未能全尽完备,但治国处世之道大抵都包含在这里边了。

君子对于不善之事,自己不去做是可能的,辞色上不表现出来是不可能的;即使辞色上不表现出来是可能的,但心里面连念头都不起是不可能的。最好的是自身乐于为善,其次是安于为善,再其次是能够强使自己为善。仁者能够乐于行道,智者能出于利益考量去行道。愚笨之人跟从别人,懦弱的人由于畏惧而行道。而有些不愚笨也不懦弱的人,却偏执于诬罔之辞且强横霸道,这种人就可以说是"道"之弃民了。最好的是根本就没有恶念,其次是产生恶念了却能够及早遏制住它,再其次是做了恶事能改过自新。做了错事却不改,其结果就是身亡家灭,严重的还会倾覆国家社稷。所以君子说话要心怀畏惧,做事要小心谨慎,这样就可以免于罪责。因而君子做小事就要像做大事一样认真,居家要像出仕一般慎重。尽管(这样做)未能全尽完备,但治国处世之道大抵都包含在这里边了。

事父可以事君,事兄可以事师长[1];使子犹使臣也,使弟犹使承嗣也[2]。能取朋友者,亦能取所予从政者矣;赐与其宫室,亦犹[用]庆赏于国[家]也[3];忿怒其臣妾,亦犹用刑罚于万民也[4]。是故为善必自内始也,内人怨之,虽外人亦不能立也[5]。

注

[1] "事父可以事君,事兄可以事师长":王聘珍注:"《大学》曰:'君子不出家而成教于国。孝者所以事君也,弟者所以事长也,慈者所以使众也。'《孝经》曰:'事兄弟故顺可移于长。'《师氏职》曰:'顺行以事师长。'"阮元注:"长,谓公卿。"同时阮氏据阁本将

"师长"改为"长师",可备一说。

〔2〕"使子犹使臣也,使弟犹使承嗣也":卢辩注:"承嗣,谓冢子也。"孔广森补注:"承,丞也。《春秋·左传》曰:'请承。'嗣,读为'司'。丞司者,官之偏贰,故弟视之。臣则私臣,自所谒除也,可以子视之。"阮元释曰:"《说文》:'承,从丞省。'《大戴·朝事》'大夫为丞摈',《小戴》作'承'。《文王世子》'有疑丞',《大戴·保傅》篇作'承'。是二字又相通借。《书·高宗肜日》'王司敬民',《史记》作'嗣','嗣'、'司'通也。钟鼎文亦多通借。《墨子·尚贤》上篇云'辅相承嗣',终篇云'承嗣辅佐',皆'司'之借也。"王树枬认为卢注"与上文义不合。阮氏从孔而不从卢,是也"。

〔3〕"能取朋友者,亦能取所予从政者矣":王聘珍曰:"予,犹与也。政,谓国政。予从政,言同升诸公,与之事君也。"孔广森补注:"'所予'之'予'当为'与','赐与'之'与'当为'予',写者互之。"阮元以为:"二字古人每通,非误也。"俞樾云:"'所与'之'与'实当作'予'。……《韩非子·五蠹》篇曰:'自环者谓之私。''予'字从古文'环'会意,乃古'党与'字也。此文言'所予从政',正其本义也。"

〔4〕"赐与其宫室,亦犹[用]庆赏于国[家]也;忿怒其臣妾,亦犹用刑罚于万民也":阮元曰:"宫室,指妻子所处而言。"俞樾以为:"'赐予'字实当作'与'。'与'字从舁从与,舁而与之,乃古'取予'字也。此文言'赐与其宫室',正其本义也。'予'、'与'同声,古每通用,遂各失其本义,说详余所著《字义载疑》。孔氏以为误,固非;阮氏以为通,抑犹未得。古字古义,幸而仅存,故特表而出之。"该句《荀子·大略》袭曰:"赐予其宫室,犹用庆赏于国家也。忿怒其臣妾,犹用刑罚于万民也。"杨倞注:"宫室,妻子也。""臣妾",王聘珍曰:"谓厮役之属。"汪中案:"'庆赏'上当有'用'字,'国'下有

'家'字，从《荀子·大略》补入。"汪喜孙案："各本无'用'字、'家'字。先君据《荀子》校补，乃与下句文法一例。"汪说可从。

［5］"为善必自内始也，内人怨之，虽外人亦不能立也"：王聘珍曰："内谓之家。怨，恨也。《论语》曰：'在邦无怨，在家无怨。'外人，邦人也。立，莅也。"阮元注："立，立名也。《孝经》曰：'君子之事亲孝，故忠可移于君；事兄弟，故顺可移于长；居家理，故治可移于官。是以行成于内，而名立于后世矣。'"

能够事奉父亲就可以事奉君主，能够事奉兄长就可以事奉公卿；在家里使唤子辈就像使唤臣属，使唤弟辈就像使唤副官。能够选择朋友，就能够选择所与共事的同僚。赏赐给妻子家人，就像颁赏于朝堂；发怒于厮役，就像使用刑罚于万民。所以说为善必须从家庭内部开始，如果家里人都对他有怨言，那就不可能得到外人的帮助与赞誉。

居上位而不淫，临事而栗者，鲜不济矣[1]。先忧事者后乐事，先乐事者后忧事。昔者天子日旦思其四海之内，战战唯恐不能义[2]；诸侯日旦思其四封之内，战战唯恐失损之[3]；大夫士日旦思其官，战战唯恐不能胜[4]；庶人日旦思其事，战战唯恐刑罚之至也[5]。是故临事而栗者，鲜不济矣。

注

　　[1]"居上位而不淫,临事而栗者,鲜不济矣":卢辩注:"淫,大。"孔广森补注:"栗,敬。"阮元注:"栗,惧也;济,成也。《孝经》曰:'在上不骄,高而不危;制节谨度,满而不溢。'《论语》孔子曰:'必也临事而惧,好谋而成者也。'"并释曰:"'栗'与'慄'通,《尔雅》曰:'惧也。'《左·僖二十年传》'以人从欲鲜济'杜注:'济,成也。'"王树枏认为:"此二句与上文不属,与下文亦隔气,本在下文'是故'下,误脱于此,而下又衍'临事而栗者,鲜不济矣'句。《群书治要》无此二句,有下文'是故临事而栗者,鲜不济矣'句,可证此文之为脱简矣。今移'居上位而不淫'于下文'临事而栗者'句上,删此处'临事而栗者'九字。"其说可从。同时王氏认为卢辩对"淫"字所注之"大","高安本'大'作'汰','汰'义长"。"汰",《左传·昭公三年》"伯石之汰也"陆德明释文:"汰,骄也。"《礼记·檀弓上》"汰哉叔氏"孔颖达疏:"汰,自矜大也。"因而"不淫"意为:不骄傲自大。

　　[2]"天子日旦思其四海之内,战战唯恐不能乂":卢辩注:"乂,治也。"

　　[3]"诸侯日旦思其四封之内,战战唯恐失损之":王聘珍曰:"失,谓失守社稷。损,减也。《大司马职》曰'野荒民散则削之'是也。"阮元注:"四封,四境也。《孝经》:'天子之孝,德教加于百姓,刑于四海;诸侯之孝,保其社稷;卿大夫之孝,守其宗庙;士之孝,守其祭祀;庶人之孝,谨身节用。'此曾子临事而栗之道。"

　　[4]"大夫士日旦思其官,战战唯恐不能胜":王聘珍曰:"官,职也。""胜",《说文·力部》、《玉篇·力部》均谓:"胜,任也。"《诗·商颂·玄鸟》"武王靡不胜"毛传、《礼记·曲礼上》"不胜丧"郑玄注、《礼记·表记》"不胜其敝"陆德明释文均如之。

[5]"庶人日旦思其事,战战唯恐刑罚之至也":王聘珍曰:"事,业也。工匠农贾各事其事。"

 译

　　遇事如果先忧虑谨慎,后面就会享受成功;遇事如果先安逸享乐,后面就会悲戚忧愁。从前天子一早就开始考虑四海之内的种种事宜,战战兢兢唯恐不能治理好天下;诸侯们一早就开始考虑封疆之内的各种事情,战战兢兢唯恐有所损失、社稷不保;大夫和士一早就开始考虑其职责,战战兢兢唯恐不能胜任自己的职位;庶人们一早就开始考虑自己的事业营生,战战兢兢唯恐遭受刑罚。所以说位高权重而不骄傲自大、遇事小心谨慎的人,很少有不成功的。

　　君子之于子也,爱而勿面也,使而勿貌也,导之以道而勿强也[1]。宫中雍雍,外焉肃肃;兄弟憘憘,朋友切切;远者以貌,近者以情[2]。友以立其所能,而远其所不能[3]。苟无失其所守,亦可与终身矣[4]。

 注

　　[1]"爱而勿面也,使而勿貌也,导之以道而勿强也":卢辩注:"'爱而勿面',不形于面。'使而勿貌',不以貌劳徕之。""导之以道而勿强",王聘珍曰:"道,引也。强,谓强其所不能也。"阮元注:"导以道,谓教子以通艺制行。勿强,谓不责善。"该句《荀子·大

略》作"君子之于子,爱之而勿面,使之而勿貌,导之以道而勿强",汪中据此在"爱"、"使"下各增一"之"字,王树枏不从。杨倞注《荀子》曰:"面、貌,谓以颜色慰悦之,不欲施小惠也。""使而勿貌也"意为使唤孩子但不要表现出心疼的神色,以免孩子过于松怠而不严肃对待大人交代的任务。

[2]"宫中雍雍,外焉肃肃;兄弟憘憘,朋友切切;远者以貌,近者以情":王聘珍曰:"《尔雅》曰:'室,谓之宫。雍雍,和也。肃肃,敬也。'外,谓宫之外也。憘憘,犹怡怡也。《论语》曰:'朋友切切偲偲,兄弟怡怡。'远者,疏远之人。《荀子·礼论》云:'情貌之尽也。'杨彼注云:'貌,恭敬也。情,忠诚也。'"阮元注:"宫中,室内也。外,门外也。雍雍,和也。憘憘,悦也。切切,言相切直也。""切切",阮元进一步释曰:"《尔雅》曰:'丁丁嘤嘤,相切直也。'郭注以为喻朋友切磋相正。此义得之。盖切者,以刀刜物使正之义也。""远者以貌,近者以情",孔广森补注:"所疏尚文,所亲尚质。"阮元注:"不贤能之友,当远者;贤能之友,当近者。"

[3]"友以立其所能,而远其所不能":阮元注:"能,贤能也。立贤能之友而友之也。曾子曰:'以友辅仁。'"王聘珍曰:"立,成也。能,道义也。立其所能,谓成己之道义也。远,疏也。不能者疏之,无友不如己也。"于鬯案:"'友'当读为'有'。春秋时季友,《盐铁论·殊路》作'季有'。《论语·学而》篇'有朋',陆释云:'有或作友。'《荀子·大略》篇杨注云:'友与有同。'盖'有'、'友'并谐又声,古多互借。'友以立其所能,而远其所不能',谓有以立其所能而远其所不能也,是浑言之,不可专指朋友,故下文云'苟无失其所守,亦可与终身矣',即承此文而结之。若专指朋友,则不特此文义艰涩,下文亦不接矣。'能'、'不能'者,犹言善不善也。《荀子·

劝学》篇注、《汉书·百官表》颜注并云:'能,善也。''有以立其所能而远其所不能',实犹云有以立其所善而远其所不善耳。""友"训"有"在此处稍嫌突兀,故不从。"能"确实可以训"善",如《尚书·康诰》"不能厥家人"孙星衍《尚书今古文注疏》引《汉书》注:"能,善也。"《荀子·劝学》"非能水也"杨倞注:"能,善也。"《汉书·百官公卿表》"柔远能迩"颜师古亦注:"能,善也。"此三处所训之"善"皆为动词,或意为"善待",或意为"善于",非名词之"善"。"能"若如阮元所注"贤能","所能"意不通;若如王聘珍所训之"道义","所不能"亦难解。此处难通,或有错字。从原文来看,"所能"意味着"能"为动词,其意当如于鬯所释之"善于",其目标则是"善"。

[4]"苟无失其所守,亦可与终身矣":王聘珍曰:"苟,诚也。《广雅》云:'守,久也。'所守,谓可久之道。"阮元注:"贤能之友,无失所守,即可与终身为友,此守约之道。"

君子对待自己的孩子,爱他但不要表现在脸上;差使他但不要表现出疼爱的神色;以"道"来引导他但不要强迫。君子在自己家中融洽和睦,出了门则要严肃庄敬,兄弟之间要关系亲密,朋友之间要直言不讳、互相切磋。对待疏远的人要注意外在的辞色,对待亲近的人要注重真诚的情感。要与能成己之道义者交友,疏远那些不如自己的人。朋友如果能持守节操而不失,那就可以与他终身相交了。

曾子本孝

　　曾子曰:"忠者,其孝之本与[1]!孝子不登高,不履危,痹亦弗凭[2],不苟笑,不苟訾[3],隐不命,临不指[4],故不在尤之中也[5]。孝子恶言死焉[6],流言止焉,美言兴焉,故恶言不出于口,烦言不及于己[7]。

注

　　[1]"忠者,其孝之本与":孔广森补注:"孝贵忠诚,无饰伪也。""忠"指出自内心的真诚无伪之情感,此为孝之本。阮元亦注:"事父母,以忠实为本,不以虚饰干誉。"认为"忠"为"忠实"之意。王聘珍则曰:"《说文》云:'忠,敬也。'"即将"忠"释为"敬"。戴礼曰:"郑《周礼》注:'中心为忠,谓孝子敬爱由衷,故为至德之始也。'"①其同时将"本"训为"始"。按,《曾子事父母》:"单居离问于曾子曰:'事父母有道乎?'曾子曰:'有。爱而敬。'"子女对父母虽谓"爱而敬",然"爱"无疑更为重要,强调以"敬"为"孝"之本并不合适。因而此处从孔注。

---

① 转引自方向东:《大戴礼记汇校集解》,中华书局,2008年,第478页。

[2]“孝子不登高，不履危，痹亦弗凭”：王聘珍曰：“高，近危。痹读曰庳，下也。凭，乘也。弗凭者，不临深也。”孔广森亦注曰：“庳，卑也。弗凭卑者，不临深也。”阮元作“庳亦弗凭”并释曰：“‘庳’，宋本讹作‘痹’。”《广韵·纸韵》、《集韵·支韵》皆云：“庳，下也。”《史记·司马相如列传》“其卑湿”司马贞索隐：“其庳湿。庳，下也。”《太玄·中》“庳虚无因”司马光集注亦如之。《太玄·增》“泽庳其容”范望注：“庳，众水之所凑也。”

[3]“不苟笑，不苟訾”：王聘珍曰：“訾，毁也。”阮元注：“不苟笑者，君子乐然后笑。訾，不思称意也。”《说文》：“訾，不思称意也。”“訾”又有“毁”义，《庄子·山木》“无誉无訾”成玄英疏：“訾，毁也。”《吕氏春秋·审应》“公子沓訾之曰”高诱注亦如是。《礼记·曲礼上》“不登高，不临深，不苟訾，不苟笑”孔颖达疏：“苟，且也。相毁曰訾。不乐而笑为苟笑。彼虽有是非，而己苟讥毁訾笑之，皆非彼所欲，必反见毁辱，故孝子不为也。”然“不苟笑”者要求自身乐而后笑，“不苟訾”却云不毁訾他人，并不对应，因而“笑”应指对他人之嘲笑、侮辱，如此则招致他人反击而置自身于危境，如《诗·邶风·终风》“顾我则笑”毛传：“笑，侮之也。”

[4]“隐不命，临不指”：卢辩注：“‘隐不命’，人有隐僻，不讦之也。‘临不指’，凡居上，不为惑众。”王聘珍曰：“隐，暗也。命，谓相命以事。不命者，孝子不服暗也。临，以高视下也。指，谓指画。《曲礼》曰：‘登城不指。’”阮元注：“‘隐不命’，张惠言云：‘在隐幽之处，不以言命，恐惑众人。’‘临不指’，如登城不指，车中不指。”这几种解释都稍嫌牵强。按，“隐”有“微”之意，《尔雅·释诂下》云：“隐，微也。”《史记·司马相如列传》“赞”“春秋推见至隐”司马贞索隐引李奇曰：“隐，犹微也。”《文王官人》“虽有隐节见行”王聘珍解

诂:"隐,微也。""隐"指人的地位较为卑微,故有"隐约"之说,《逸周书·官人》"隐约者观其不慑惧"朱右曾《逸周书集训校释》:"隐约,谓在下位者。""命",《说文·口部》、《广雅·释诂一》、《玉篇·口部》等均云"使也",《吕氏春秋·孟夏》"命太尉"高诱注:"命,使也。"《诗·大雅·卷阿》"维君子命"郑玄笺:"命,犹使也。""临"指上位者对下位者而言,《玉篇·卧部》:"临,尊适卑也。"《周礼·春官·鬯人》"凡王吊临"郑玄注:"以尊适卑曰临。"《论语·为政》"临之以庄则民敬"皇侃疏:"临,谓以高视下也。""指",《广雅·释言》曰:"指,斥也。"《诗·鄘风·蝃蝀》"莫之敢指"王先谦三家义集疏:"'指'有二义:自本义言,则为'手指'之'指';自喻义言,则为'指斥'之'指'。""隐不命,临不指"乃相对而言,意思是当身份卑下时要保持谦卑,不要忘了自己的身份而去指使他人;当面对比自己地位要低下的人时不要颐指气使、指斥其非,如此才能避免过错,不让父母担忧或受辱。

[5]"故不在尤之中也":王聘珍曰:"尤,过也。"阮元注:"有尤必辱亲。《曲礼》曰:'为人子者,不登高,不临深,不苟訾,不苟笑。孝子不服暗,不登危,惧辱亲也。'""尤",《玉篇·乙部》、《广韵·尤韵》释为"怨",《尚书·君奭》"越我民罔尤违"蔡沈集传:"尤,怨也。"《史记·屈原贾生列传》"般纷纷其离此尤兮"司马贞索隐:"尤,谓怨咎也。"

[6]"孝子恶言死焉":卢辩注:"死且不行。"王聘珍曰:"《说文》云:'死,澌也,人所离也。'恶言死焉者,离而去之也。"阮元则曰:"死之言澌灭也。"进而释曰:"《荀子·大略》篇袭《曾子》此言曰:'流言止焉,恶言死焉。'杨倞注云:'郑康成曰:"死之言澌。"澌,谓消尽也。''死'之训'澌',汉人通语。《白虎通》、《释名》皆然,不

独郑注也。卢注解为'死且不行',非是。"按,阮说为是。

[7]"烦言不及于己":王聘珍曰:"烦,辱也。不及于己者,谓人不以辱言加之也。"阮元注:"烦,读为忿。烦言,忿争之言。《礼记·大学》曰:'言悖而出者,亦悖而入。'读烦为忿者,《小戴记》云:'一出言而不敢忘父母,是故恶言不出于口,忿言不反于身。'"王树枏曰:"烦、忿音近字。反,亦当为'及',字形之讹。"二说皆可通,然反观该句,"恶言不出于口"对应的是"恶言死焉","烦言不及于己"对应的就应该是"流言止焉",故而"烦"应训为"乱",指"流言"而言,《周礼·考工记·弓人》"夏治筋则不烦"郑玄注:"烦,乱也。"《国语·楚语》"若民烦,可教训"韦昭注及《吕氏春秋·音初》"礼烦而乐淫"高诱注亦如是。"烦言"指的是街头巷尾流传的纷乱无据之言。

曾子说:忠,可以说是孝的基础(与起点)!孝子不攀登至高处,不站在危险的地方,也不靠近深渊。不嘲笑别人,也不诋毁别人,身处卑位而不对别人发号施令,高居上位要避免指斥他人,如此才能不招致怨咎。在孝子那里,恶言一定要断绝它,流言蜚语一定要终止它,美善之言要四处宣扬它,所以对于孝子而言,恶言不会出自其口,纷乱之言也不会跟他有什么关联。

故孝子之事亲也,居易以俟命[1],不兴险行以徼幸[2]。孝子游之,暴人违之[3]。出门而使不以(已),

或为父母忧也^[4]。险涂隘巷，不求先焉，以爱其身，以不敢忘其亲也^[5]。

注

[1]"居易以俟命"：卢辩注："处安易之道以听命也。"阮元谓："易，犹平安也。俟命，听天任命也。"今从阮说。《礼记·中庸》"故君子居易以俟命"郑玄注亦如是。

[2]"不兴险行以徼幸"：王聘珍曰："兴，犹行也。险行，谓倾危之行。"阮元注："兴，起也。险，倾危也。徼，要也。此《礼记·中庸》孔子之言，曾子即以为事亲之道。"《论语·子路》"事不成则礼乐不兴"皇侃疏亦云："兴，犹行也。"

[3]"孝子游之，暴人违之"：王聘珍曰："孝子，谓有孝德之人也。游之，谓与之游也。下陵其上曰暴，谓不孝弟之人也。违，去也。《曾子疾病》曰：'君子慎其所去就。'"阮元注："王给事云：'游，读由。'元谓'由之'，谓素位而行。曾子曰：'思不出其位。''违之'，谓兴险徼幸。""素位而行"之说过于牵强。汪中亦引王念孙云："'游'，疑当作'由'。"王聘珍之意为当与孝子为友而远离暴人，意亦可通，然不若汪、王之说，此句乃承上而言，谓孝子知所行而暴人违常道。

[4]"出门而使不以（已），或为父母忧也"：卢辩注："不为事，或贻忧于父母也。"王聘珍曰："使，谓奉命而出也。"既然奉命而出，自不能不为事，其意难通。该句阮元读为"出门而使，不以或为父母忧也"，并注曰："奉君、师、亲使出门，不以疑惑贻父母之忧。"此即以"惑"解"或"，然"奉命出门"与"疑惑"的关联过于牵强。王树

柑同阮元,直云:"'或',读为'惑',通字。"按,"以"疑意为"已",《礼记·檀弓下》"则岂不得以"郑玄注:"'以','已'字,'以'与'已'字本同。"《管子·问篇》"问刑论有常以行而不可改也"集校引吴汝纶云:"以、已同。"《管子·立政》"使者以发"戴望校正:"以、已古通。"《墨子·节葬下》"财以成者"孙诒让《墨子闲诂》引毕云:"以、已同。"《孟子·梁惠王上》"无以,则王乎"朱熹集注:"以、已通。"是以"出门而使不已,或为父母忧也"意为经常奉使出门而致使父母担忧。

[5]"险涂隘巷,不求先焉,以爱其身,以不敢忘其亲也":卢辩注:"身者,亲之枝也,可不敬乎?"王聘珍曰:"不求先者,不以身尝殆也。《哀公问于孔子》篇曰:'身也者,亲之枝也,敢不敬欤?'"意思是孝子在险涂隘巷之中不要争先。

因此孝子事奉父母,要先力保平安然后听天由命,不要妄图侥幸而冒险行事。孝子不要经常奉使出门,那样会让父母担忧。走在危险的路途和狭隘的街巷中,不要争先、以身试险,要爱惜自己的身体,是因为他不敢忘记自己的父母亲的缘故啊。

孝子之使人也,不敢肆,行不敢自专也[1]。父死三年,不敢改父之道[2],又能事父之朋友,又能率朋友以助敬也[3]。

注

[1]"孝子之使人也,不敢肆,行不敢自专也":王聘珍曰:"郭注《尔雅》云:'肆,极力也。'行不敢自专者,《论语》曰:'有父兄在,如之何其闻斯行之?'"该句孔广森及阮元均读为"孝子之使人也,不敢肆行,不敢自专也"。孔广森补注:"使人以恕也。"阮元注:"肆,遂也。曾子养曾晳,彻酒肉,必请所与,况使人,敢专乎?《春秋左氏传》曰:'专命则不孝。'"然"使人也,不敢肆行"与"不敢自专"一指对他人,一指对自己,两者并不对应,故不从其读。"肆"可训为"遂",如《尚书·舜典》"肆类于上帝"孔安国传:"肆,遂也。"《尚书·梓材》"于先王肆"孔颖达疏亦如是。然此处"肆"应训为"极",《左传·昭公十二年》"昔穆王欲肆其心"杜预注:"肆,极也。"《国语·周语下》"薮泽肆既"韦昭注及《吕氏春秋·仲春》"无肆掠"高诱注均如是。"使人也不敢肆"谓出于恕道而不敢极尽其要求。又,该句《大戴礼记注补》王丰先点校为"孝子之使人也,不敢肆行,不敢自专也"①,阮元《曾子注释》陈锦春点校亦如之②,可备参考。

[2]"父死三年,不敢改父之道":卢辩注:"故曰:'三年无改于父之道,可谓孝矣。'"孔广森补注:"无改者,三年之内常若父存,若居不主奥、行不由阼、立不当隧之类。"

[3]"又能事父之朋友,又能率朋友以助敬也":卢辩注:"使敬其父母也。"王聘珍曰:"《曲礼》曰:'见父之执,不谓之进不敢进,不谓之退不敢退,不问不敢对,此孝子之行也。'郑彼注云:'敬父同志如事父。'率,循也。助,益也。言率循朋友之有孝德孝行者,以益

---

① 孔广森撰、王丰先点校:《大戴礼记补注》,中华书局,2013年,第93页。
② 阮元撰、陈锦春点校:《曾子注释》,凤凰出版社,2022年,第27页。

己之敬也。"阮元以为:"率者,子率己之朋友也。"阮注大致以"率"为"导",不过率导朋友来助己之敬于义牵强,兹从王说。"率",《易·系辞下》"初率其辞"孔颖达疏:"率,循也。"《尚书·大禹谟》"惟时有苗弗率"孔安国传、《诗·北山》"率土之滨"毛传、《诗·小雅·吉日》"奚率左右"郑玄笺及《尚书·皋陶谟》"率作兴事"孙星衍《尚书今古文注疏》等均作如是解。

译

　　孝子若使唤别人不敢极尽其力(而给别人留有余地),自己行事不敢擅作主张而必须考虑父母的意见。父亲去世后三年不更改父亲所行之道,还要能对待父亲之朋友像对待父亲一样(尊敬),与有孝行的朋友相互砥砺进而帮助自己敬事长辈。

　　君子之孝也,以正致谏[1];士之孝也,以德从命[2];庶人之孝也,以力恶食[3]。任善不敢臣三德[4]。

注

　　[1]"君子之孝也,以正致谏":卢辩注:"君子,谓卿大夫。"王聘珍曰:"正,善也。《白虎通》云:'谏者,间也,更也。是非相间,革更其行也。'以正致谏者,善则归亲也。"阮元曰:"《孝经》曰:'父有争子,则身不陷于不义。'正,谓正道也。"据王聘珍之意,"正"指的是致谏的方式,即致谏的方式要合于善,其结果是"善则归亲也";阮注则以"正"为致谏的标准与原则,谓谏父母使之归于正道。两

说皆可通。

[2]"以德从命":王聘珍曰:"德,谓孝德。以德从命者,言先意承志,喻父母于无过,其命皆可从也。"孔广森注:"言以德者,亲之命有失德,亦致谏,不以曲从为孝。"阮元亦注:"德命则从,非德亦谏。《荀子》曰:'孝子所以不从命者有三:从命则亲危,不从命则亲安,孝子不从命乃衷;从命则亲辱,不从命则亲荣,孝子不从命乃义;从命则禽兽,不从命则修饰,孝子不从命乃敬。故可以从而不从,是不子也;未可以从而从,是不衷也。明于从不从之义,而能致恭敬、忠信、诚悫以慎行之,则可谓大孝矣。'"

[3]"以力恶食":卢辩注:"分地任力致甘美。"孔广森补注:"恶食,言养以甘美,自食其恶者也。"汪中以为当作"以力恶食任善",曰:"'以力恶食','恶',当作'务',声之误也。马本作'任'。'任善'当从上句。"汪喜孙案:"卢注于'任善'之上间以注语,盖以'任善'属下读也。先君校正,不知据何书。"俞樾指出:"'以力恶食',义不可通。疑本作'以任善食',言各以力之所任,甘美其食,以养父母也。卢注'分地任力致甘美',正释'以任善食'之义。今'任善'二字误在下句之上,其文曰'任善,不敢臣三德',甚为无义,卢注又无解,可知'任善'二字不当在下句也。盖由此句本作'以任善食',传写夺之而补于句末,遂误置下句之首。此文'力恶'二字,则后人窜入,非卢所见之旧也。"王树枏曰:"'以力恶食',本作'以力善食'。'以力善食',谓以其力善其食,注所谓'分地任力致甘美也'。今'善食'二字倒乱,校者遂于'食'上增'恶'字,以'善'字属下读,而'善'上又从注中衍出'任'字。俞樾知其误,改'以力恶食'为'以任善食'。细玩文义,'以力'与上'以正'、'以德'皆二字一读,改做'以任',则不符矣。'力'字不误,误在'恶'字耳。马作'以

力任食'、汪本作'以力务食','任善'二字皆属上读,今亦不从。"于
鬯则以为:"'恶'字当依汪中《正误》引马本作'任'。其以'善'字断
句,亦当从之。盖此实一本作'以力任食',一本作'以力任善',校
者标其异文而误合为正文也。而鬯窃又疑此两本尚皆有误,记文
原本当作'以力任养'四字。作'食'之本乃'养'字脱上体也,作
'善'之本乃'养'字误下体也。观卢注云'分地任力致甘美','致甘
美'盖正为'养'字作解,即其证矣。俞荫甫太史《平议》以'力恶'二
字当易'任善'二字,作'以任善食',然句义仍艰,且与上文'以正致
谏'、'以德从命'文例不类,似不若作'以力任养'为平易也。《孝
经》说庶人之孝云'用天之道,分地之利,谨身节用以养父母',即此
义也。"该句错讹难通,今从王树枏之说。

[4]"任善不敢臣三德":卢辩注:"谓王者之孝。三德,三老
也。《白虎通》曰:'不臣三老,崇孝。'"阮元注:"任善,用贤也。王
树枏曰:"此句与上下文不贯,应有误。寻文义,'任'字涉上注而
衍,'善'字在上句'食'字上,或校书者以'恶'字注于'善'字之旁,
后人因以'恶'字入正文,而移'善'字于下,此文遂颠倒错乱而不可
读矣。'不敢臣三德',当在'君子之孝也'下。古多以君子指君言。
'以正致谏'上,当有'卿大夫之孝'六字,误入注中,而又衍一'谏'
字,删'之孝也'三字。盖自'君子之孝也'以下,皆由上递及,不应
至末始言天子之孝。以文义观之,当是如此。存是说以谂知者。"
王说颇为合理,惜无坚实之证据,或可存一说。

士大夫所行的孝道,要以正道对父母进行劝谏;士所行的孝
道,要以德决定是否听从父母之命;庶人所行的孝道,要努力劳作

以期给父母供奉甘美的食物。国君要由孝敬自己的父母进而推广为尊崇"三老",不得以臣僚视之。

　　故孝之于亲也,生则有义以辅之[1],死则哀以莅焉[2],祭［祀］则莅（列）之以敬[3],如此而成于孝子也[4]。

　　[1]"生则有义以辅之":卢辩注:"谕于道。"阮元注:"义辅,谓谏也。"

　　[2]"死则哀以莅焉":阮元注:"《孝经》曰:'孝子之丧亲也,哭不偯,礼无容,言不文,服美不安,问乐不乐,食旨不甘,此哀戚之情也;为之宗庙,以鬼享之;春秋祭祀,以时思之。'"

　　[3]"祭［祀］则莅（列）":王树枏曰:"'祭'下,阁本无'祀'字,'莅'作'列'。阮从阁本删'祀'字。"其说可从。

　　[4]"如此而成于孝子也":王聘珍曰:"成犹终也。"

译

　　因此孝子对于他的父母亲,健在时要以德义辅佐、劝谏他们,去世时则以哀痛之心操办后事,祭祀时则要表达恭敬之情,做到这些就能成为合格的孝子了。

曾子立孝

　　曾子曰：“君子立孝，其忠之用，礼之贵。[1]”故为人子而不能孝其父者，不敢言人父不能畜其子者；为人弟而不能承其兄者，不敢言人兄不能顺其弟者；为人臣而不能事其君者，不敢言人君不能使其臣者也[2]。故与父言，言畜子；与子言，言孝父；与兄言，言顺弟；与弟言，言承兄；与君言，言使臣；与臣言，言事君[3]。

　　[1]“君子立孝，其忠之用，礼之贵”：卢辩注：“有忠与礼，孝道立。”王聘珍曰：“贾子《道术》云：‘子爱利亲谓之孝，爱利出中谓之忠。’《论语》曰：‘生，事之以礼；死，葬之以礼，祭之以礼。’”阮元注：“忠则无伪，故能爱；礼以行爱，故能敬。《孝经》曰：‘礼者，敬而已矣。’故敬为孝之要道。”意思是君子立孝要以忠为用，以礼为贵，而非相反。

　　[2]“人子而不能孝其父者，不敢言人父不能畜其子者；为人弟而不能承其兄者，不敢言人兄不能顺其弟者；为人臣而不能事其

君者,不敢言人君不能使其臣者也":卢辩注:"不可以己能而责人之不能,况以所不能。"王聘珍曰:"畜,养也。承,奉也。顺,爱也。"阮元注:"忠恕相因,此言忠,即恕道也,即孔子所谓'忠恕违道不远。君子道四,某未能一也'。曾子曰'夫子之道,忠恕而已矣'亦此义也。戴吉士曰:'顺,读若训,假借字也。'"王树楠曰:"'顺',读若'训'。《广雅》:'训,顺也。'同音相假,义亦近也。"

[3]"与父言,言畜子;与子言,言孝父;与兄言,言顺弟;与弟言,言承兄;与君言,言使臣;与臣言,言事君":卢辩注:"《士相见礼》曰:'与君言,言使臣;与大夫言,言事君;与老者言,言使弟子;与幼者言,言孝父兄;与众言,言慈祥;与莅官者言,言忠信也。'"

曾子说:"君子对于孝道,要以忠为前提,要以礼为重。"因此为人子而不能孝敬其父之人,就不可以非议那些为人父却不能畜养其子之人;为人之弟而不能事奉兄长之人,就不可以批评那些为人兄却不能教诲弟弟之人;为人臣而不能事奉君主之人,就不可以批评那些为人君却不能依照礼节对待臣子之人。所以,与为父者交谈,要交流如何畜养孩子;与为人子者交谈,要交流如何孝敬父母;与为兄者交谈,要交流如何训导弟弟;与为弟者交谈,要交流如何事奉兄长;与君主交谈,要交流如何礼待臣下;与臣子交谈,要交流如何侍奉君主。

君子之孝也,忠爱以敬[1]**,反是乱也。尽力而有**

礼,庄敬而安之[2],微谏不倦,听从而不怠[3],欢欣忠信,咎故不生,可谓孝矣[4]。尽力〈而〉无礼,则小人也[5];致敬〔忠〕而不忠〔敬〕,则不入也[6]。是故礼以将其力,敬以入其忠[7],饮食移味,居处温愉,著心于此,济其志也[8]。

注

[1]"忠爱以敬":王聘珍曰:"忠爱,谓中心之爱。敬,谓严肃。郑注《孝经》云:'敬者,礼之本也。'"

[2]"尽力而有礼,庄敬而安之":王聘珍曰:"尽力者,《论语》曰'事父母能竭其力'也。《释名》云:'安,晏也,晏晏然和喜,无动惧也。'"阮元注:"忠则必爱,有礼故敬。子夏曰:'事父母能竭其力。'子游问孝,子曰:'今之孝者,是谓能养。至于犬马,皆能有养。不敬,何以别乎?'《孝经》曰:'爱敬尽于事亲。'又曰:'慈爱恭敬,安亲扬名。''庄',阁本作'恭',《群书治要》无此字。按,此当是汉人避讳,或改之,或删之。"

[3]"微谏不倦,听从而不怠":孔广森补注:"微谏,几谏也。不倦,熟谏也。"王聘珍曰:"微谏,几谏也。《内则》曰:'父母有过,下气怡色,柔声以谏也。'不倦,不劳也。谓谏若不入,起敬起孝,悦则复谏,不以为劳也。听从,谓父母从其谏。不怠,谓子之奉行不懈也。"阮元注:"不义则谏,义则听从也。……《群书治要》无'而'字,今本作'而不怠'。"阮注与王注之别在于:阮氏以为"听从"指子女对父母的听从;王氏则以为"听从"指父母对子女之谏的听从,若父母从其谏,己犹奉行不懈。从前后语意看,"听从"的主语应为

"子"，只是如此一来，"听从"就与前文"微谏"产生矛盾，也必须如阮氏加以"义"或"不义"之限定，但又稍嫌迂曲。此处难有善解，姑从阮注。

[4]"欢欣忠信，咎故不生，可谓孝矣"：王聘珍曰："欢欣忠信者，乐父母之从，益尽其中心之诚也。咎，灾也。故，事变也。咎故不生者，《曾子事父母》曰'由己为无咎则宁'是也。"阮元注："孝者，子与父母，乐而不忧，诚而不伪。是以家室和平，无咎故也。咎，灾也。故，谓可忧之事也。《孟子》曰：'兄弟无故。'《诗》曰：'妻子好合，如鼓瑟琴。兄弟既翕，和乐且耽。宜尔室家，乐尔妻帑。'子曰：'父母其顺矣乎？'《孝经》曰：'明王得万国之欢心，以事其先王，是以天下和平，灾害不生，祸乱不作。'"又，孙诒让案："'咎故不生'句难解，审校文义，此'咎'实当为'名'之讹。《文王官人》篇云：'忠爱以事其亲，欢欣以敬之，尽力而不面，敬以安人，以名故不生焉。'两篇文义略同，此云'欢欣'，即彼云'欢欣以敬之'；此云'忠信'，即彼云'忠爱以事其亲'；此云'名故不生'，即彼云'以名故不生焉'。言事亲尽其欢欣忠信而名不扬于外也。'名'、'咎'形近而讹，阮释望文生训，不足据。"可备一说。

[5]"尽力〈而〉无礼，则小人也"：汪中以为："'尽力'下亦当有'而'字。"阮元亦补"而"字。汪喜孙案："各本无'而'字。先君校补。阮本用先君说，则与上文句一例。《群书治要》引此正有'而'字。"

[6]"致敬〔忠〕而不忠〔敬〕，则不入也"：孔广森补注："不入，不得乎亲也。敬而未安，是色庄也。严威俨恪，非所以事亲也。"阮元从其说，曰："入，纳也。敬而不忠，则不能纳谏于亲。"王聘珍曰："不忠，谓敬不由中心也。"王引之则以为："'致敬而不忠'当作'致

忠而不敬’，此承上‘微谏不倦’而言。不敬则虽忠，而言不见听，故曰‘不入’。《内则》云‘谏若不入’是也。‘致忠’与‘尽力’事相类，‘不敬’与‘无礼’事亦相类。下文‘礼以将其力’承‘尽力而无礼’言之，‘敬以入其忠’承‘致忠而不敬’言之。然则今本作‘致敬而不忠’者误也。”王树枏从其说：“王说是也。‘尽力而无礼’，质而不文者也，故曰‘小人’。‘致敬而不忠’，华而不实者也，故曰‘不入’。两义正相足。”王树枏尽管认可王引之之论，然其后所引论者又正相反。今从王引之之说。又，“不入”，胡珂认为当是“小人”之讹，王树枏对此并不认同：“胡说非也。下文‘敬以入其忠’正承此‘入’字而言。”

[7]“礼以将其力，敬以入其忠”：阮元注：“将，犹送也。入，亦纳也。”王聘珍曰：“将，行也。”“将”又可释为“助”，《诗·商颂·烈祖》“我受命溥将”郑玄笺：“将，犹助也。”《汉书·杜钦传》“钦之补过将美”颜师古注与《孟子·离娄上》“裸将于京”朱熹集注均曰：“将，助也。”

[8]“饮食移味，居处温愉，著心于此，济其志也”：“饮食移味”卢辩注：“随所欲也。”“居处温愉”孔广森补注：“孝子必有和气愉色。”阮元注：“移之言羡也。温，柔也。愉，乐也。曾子养曾晳，必有酒肉。问有余，必曰有。曾子养曾晳，常以昕昕，是以曾晳眉寿。孔子曰：‘孝子之有深爱者，必有和气。有和气者，必有愉色。有愉色者，必有婉容。’”王聘珍曰：“《内则》曰：‘柔色以温之。’郑彼注云：‘温，藉也。承尊者，必和颜色。’愉，乐也。著，明也。济，成也。言藉饮食居处，明其孝养之心，以成其用忠用礼之志也。”“著心于此，济其志也”，阮元注：“饮食居处，未可尽孝道，然处心于此，亦可以成其忠礼之志。”

君子对父母尽孝，要忠、爱且恭敬，与之相反就会导致混乱。竭尽其力并且合乎礼节，以庄重恭敬之心让父母欢喜心安。对于父母的过失要小心、微妙地劝谏，如果父母不听就要寻机再谏而不厌烦，如果父母的要求合乎道义就要听从而不懈，这样家庭就会充满欢乐忠信的氛围，灾祸和变故就不会发生，做到这些就可以说是尽了孝道。只知道全力尽孝而无礼，那就是小人之孝；如果对父母恭敬却非出自本心，那父母也很难接受这种孝道。因而需要以礼来帮助行孝，用恭敬来表达对父母的真诚心意，在饮食上要多增加品类，与父母相处要和颜悦色，能够在这些方面用心，那就实现了孝敬父母的志向。

　　子曰："可入也，吾任其过；不可入也，吾辞其罪[1]。"《诗》云"有子七人，莫慰母心"，子之辞也。"夙兴夜寐，无忝尔所生"，言不自舍也[2]。不耻其亲，君子之孝也[3]。

　　[1]"可入也，吾任其过；不可入也，吾辞其罪"：卢辩注："吾知其能自取过。"孔广森补注："'可入也，吾任其过'，此言微谏之道，过则称己也。'入'谓纳其言。……'不可入也，吾辞其罪'，谏若不从，又为之辞说，使亲若无罪然，所谓'子为父隐'。"阮元此处作"可

人也，吾任其过；不可人也，吾辞其罪"并注曰："此曾子述孔子之言，以证'入忠'之义。'人'当为'入'字之误也。入，纳也，谓纳忠谏于亲也。臧镛堂云：'亲本可纳谏，此吾不能先谕亲于道之过也。若不可纳，此吾忠敬不足动亲之罪也。'元谓辞者，自以为辞。"王聘珍曰："'人'当为'入'，谓入谏也。任，当也。任之者，过则归己也。《说文》云：'辞，讼也。''辞其罪'，谓内自讼也。《书》曰：'于父母负罪引慝。'"王引之认为，"可人也，吾任其过；不可人也，吾辞其罪"，"卢曰两'人'字皆'入'字之讹。观上文'致敬而不忠，则不入'云云，明是'入'字无疑。戴先生校本改为'不可入也，吾任其过；可入也，吾辞其罪'，孔依卢、戴改'人'为'入'，而仍作'可入也，吾任其过'，释曰'过则称己'；仍作'不可入也，吾辞其罪'，释曰'谏若不从，又为之辞说，使亲若无罪然'。引之谨案：戴改是也。'不可入'谓谏而不从也，'吾任其过'者，所谓过则称己也；'可入'谓谏而从也，'吾辞其罪'者，辞辱亲之罪也。……孔说似迂。"王树枏案："聚珍本仍作'可入也，吾任其过。不可入也，吾辞其罪'，与王（王引之，引者注）所见不同。阮注从臧氏之说，而又自释'辞'为'自以为辞'，义皆迂曲，不如王说之当，今从王校。"俞樾则云："德州卢氏见曾本，谓两'人'字皆'入'字之误，孔氏《补注》本径改为'入'，戴氏震校本又改为'不可入也，吾任其过；可入也，吾辞其罪'，其实诸说皆非也。上文虽有'致敬而不忠，则不入也'及'敬以入其忠'二语，然是曾子之言，不得与孔子之言并为一谈。此两'人'字仍当依本字读之。'人'与'仁'通，《释名·释言语》曰：'仁，忍也。好生恶杀，善含忍也。'然则'可人也'，犹言可含忍也，亲之过，小者也。'不可人也'，犹言不可含忍也，亲之过，大者也。亲之过小，吾则任其过；亲之过大，吾则辞其罪。下文引《诗》云'有子七人，莫慰母心'，此任过之谓也。又引《诗》云'夙兴夜寐，无忝尔所生'，此辞罪之谓也。《礼记·表记》篇'故仁者之过易辞也'，郑注曰：'辞犹解说也。'吾辞其罪者，解说其罪也。然非以空言解说而已，必也夙兴夜寐，不敢少息，而后可以无忝所生，故曰'言不自舍也，不耻其亲，君子之孝也'。'不自舍'犹不自息，释'夙兴夜寐'之义也。'不耻其亲'释'无忝所生'之义也。盖任过易而辞罪难。任过者，任之己耳；辞罪者，必有以辞之，非进德修业，安能贻父母令名乎？自来说此经者，不达'可人'、'不可人'之旨，故所说多失其解。"以"仁"、"忍"解"人"过于迂曲，且己之进德修业与"不可人"之间并无必然的逻辑关联，故不取。今从王引之、王树枏之说。又，该句大多数学者以为乃"引孔子之言"，然孙诒让引丁校云"曾子十篇引孔子语，无称子曰者"，亦可备一说。

〔2〕"'夙兴夜寐，无忝尔所生'，言不自舍也"：王聘珍曰："舍，释也。不自释其过。"阮元注："舍，释也。自释其过，则亲任之矣。"

〔3〕"不耻其亲，君子之孝也"：王聘珍曰："耻，辱也。过成则辱至。"孔广森补注："解《诗》之言'所生'者，谓父母也。不使父母有可耻之行，所谓'无忝'也。"

　　孔子说："父母若能纳谏，那我就代替他们承担以往的过错；如果不肯纳谏，那么我就（尽力而为以）避免父母因有过而受辱之罪。"《诗经》说"有七个儿子，还不能宽慰母亲之心"，这是儿子的责任。又说"夙夜不懈地努力，以不愧对于生你、育你的人"，这是要求主动承担过失。避免让父母有可耻的言行，这是君子的孝道。

是故未有君而忠臣可知者，孝子之谓也；未有长而顺下可知者，弟弟之谓也[1]；未有治而能仕可知者，先修之谓也[2]。故曰孝子善事君，弟弟善事长。君子一孝一弟，可谓知终矣[3]。

注

[1]"未有君而忠臣可知者，孝子之谓也；未有长而顺下可知者，弟弟之谓也"：卢辩注："《孝经》曰：'以孝事君则忠，以敬事长则顺。'"孔广森补注："臣以人不非其君为能忠，子以人不间其父母为能孝弟，弟亦思不耻其兄也。"

[2]"未有治而能仕可知者，先修之谓也"：王聘珍曰："治，治职也。先修，修于家也。《中庸》曰：'知所以修身，则知所以治人。'"

[3]"君子一孝一弟，可谓知终矣"：孔广森补注："孝终于事君，弟终于事长，君子以其孝弟，知其能终。"该句阮元作"君子壹孝壹弟"并注："壹，无二心也，专也。知终，谓知其终身。"进而释曰："《立事》篇末曰：'亦可与终身矣。'义与此同。《群书治要》'故'下无'曰'字，今本皆有。又，'弟弟'作'悌弟'，今不从之。又，今本作'一孝一弟'，《群书治要》作'壹孝壹弟'，'壹'字义长，但是浅人改为'一'字。《左传·文三年》'与人之壹也'，杜预注云：'壹，无二心。'《礼记·大学》'壹是皆以修身为本'，郑氏注：'壹是，专行是也。'"阮注可备一说。

所以说，即使还没有入仕就能知道某人会是忠臣，就因为他是个孝子；即便还没有侍奉过长者就知道某人会敬顺谦恭，就因为他是个恪守悌道之人；即便还没有治理政务就知道他具有任官的才德，就因为他已经在家庭中做好了修身功夫。所以说孝子善于侍奉君主，恪守悌道的人善于侍奉长者。君子只要做到孝、做到悌，就可以说他已经知道如何安身立命了。

曾子大孝

曾子曰："孝有三：大孝尊亲，其次不辱，其下能养。[1]"公明仪问于曾子曰："夫子可谓孝乎?"曾子曰："是何言与！是何言与！君子之所谓孝者，先意承志，谕父母以道[2]。参直养者也，安能为孝乎[3]！身者，亲之遗体也。行亲之遗体，敢不敬乎[4]！故居处不庄，非孝也；事君不忠，非孝也；莅官不敬，非孝也；朋友不信，非孝也；战陈无勇，非孝也。五者不遂，灾及乎身，敢不敬乎[5]！故烹熟鲜香，尝而进之，非孝也，养也[6]。君子之所谓孝者，国人皆称愿焉[7]，曰'幸哉！有子如此'，所谓孝也。民之本教曰孝[8]，其行之曰养[9]。养可能也，敬为难；敬可能也，安为难；安可能也，久为难；久可能也，卒为难[10]。父母既殁，慎行其身，不遗父母恶名，可谓能终也[11]。夫仁者，仁此者也；义者，宜此者也；忠者，中此者也；信者，信此者也；礼者，体此者也；行者，行此者也；强者，强此者也。乐自顺此生，刑自反此作[12]。夫孝者，天下之大经也[13]。夫孝，置之而塞于天地，衡〈溥〉之而衡于四海[14]，施诸后世而无朝夕[15]，推而放诸东海而准，推而放诸西海而准，推而放诸南海而准，推而放诸北海而准。《诗》云：'自西自东，自南自北，无思不服。'此之谓也。孝有三：大孝不匮[16]，中孝用劳[17]，小孝用力。博施备物，可谓不匮矣；尊仁安义，可谓用劳矣；慈〈思〉爱忘劳，可谓用力矣[18]。父母爱之，喜而不忘；父母恶之，惧而无怨；父母有过，谏而不逆[19]。父母既殁，以哀祀之，加之如此谓礼终矣[20]。"

注

[1]"孝有三：大孝尊亲，其次不辱，其下能养"：王聘珍曰："《中庸》曰：'舜其大孝也与！尊为天子。'孟子曰：'孝子之至，莫大乎尊亲。'司马迁云：'太上不辱亲，其次不辱身，其次不辱礼色，其次不辱辞令。'孟子曰：'若曾子则可谓养志也。事亲若曾子者可也。'"阮元注："尊亲者，孝子之至，莫大乎尊亲，如大舜以天下养，周公严父以配天，士大夫立身行道，扬名于后世，以显父母。不辱者，不耻其亲，不灾其身。养者，谓养志。"并释曰："曾子言学与孝不敢及天子、诸侯之事，然《孝经》受业，备闻孔子之教。故篇中大孝及塞天地、衡四海、博施备物，皆兼天子、诸侯为言。今故引《孟子》《孝经》之义，以证之也。不辱，盖亦兼亲与己身而言。《小戴记》作'弗辱'。知'养'为'养志'者，下文曾子不敢自居于孝，故知与'直养'有别。"所谓"养志"，据《孟子·离娄上》："曾子养曾皙，必有酒肉；将彻，必请所与；问有馀，必曰有。曾皙死，曾元养曾子，必

有酒肉；将彻，必请所与；问有馀，曰亡矣，将以复进也。此所谓养口体者也。若曾子，则可谓养志也。"那么"其下能养"到底是指"养志"还是"养口体"呢，还是两者皆有？一者，曾子言"君子之所谓孝者，先意承志，谕父母以道"，那么"其下能养"自然包含于其中，"养口体"并不带有"先意承志，谕父母以道"的内涵，"能养"便不能指"养口体"，因为下文明确指出："烹熟鲜香，尝而进之，非孝也，养也。"再者，孟子认为曾元只是"养口体"者、曾子可谓"养志"，本篇下文曾子又言"参直养者也，安能为孝乎"，阮元据此认为"能养"指"养志"，但曾子之言可能只是自谦，那么"能养"便可能包含"直养"乃至"养口体"。而据第一点，"能养"应指"养志"。由此则带来最后一个问题，"大孝尊亲，其次不辱"算不算"养志"？从逻辑上看，"其下能养"与"大孝尊亲，其次不辱"之间层次分明，那么"其下能养"若指"养志"，"养志"便指超越于"养口体"与"直养"之上、带有"先意承志，谕父母以道"之内涵并与"大孝尊亲，其次不辱"有别的孝道内容。

〔2〕"先意承志，谕父母以道"：卢辩注："凡言与事，亲未意，则先善举之；亲若有志，则敬而奉之。"阮元注："谕，犹谏也。"王聘珍谓："谕者，不言而喻也。""谕"有"告"之意，《说文》云"谕，告也"，《汉书·晁错传》"亲谕朕志"颜师古注亦如是；"谕"又有"教"之意，《淮南子·主术》"而谕文王之志"高诱注"谕，教也"；"谕"还有"谏"之意，《广雅·释诂四》云"谕，谏也"。此处指子女对父母的态度，训"谏"为上。"谕父母以道"或作"谕父母于道"，汪喜孙指出："聚珍本作'于'，孔本作'于'，小戴作'于'，汪晫《曾子》亦作'于'"，汪中据此改"以"作"于"。

〔3〕"参直养者也，安能为孝乎"：阮元注："言特养口体，不敢

居三者之孝。然《孟子》曰:'若曾子,则可谓养志也。'"并释曰:"'直'、'特'古音义相通。《诗》'实维我特',《韩诗》作'直'。"孔广森补注亦曰:"直,犹特也。"

[4]"行亲之遗体,敢不敬乎":王聘珍曰:"遗,余也。行,奉行也。《孝经》曰:'身体发肤,受之父母,不敢毁伤,孝之始也。'"

[5]"居处不庄,非孝也;事君不忠,非孝也;莅官不敬,非孝也;朋友不信,非孝也;战陈无勇,非孝也。五者不遂,灾及乎身,敢不敬乎":王聘珍曰:"庄,恭也。莅,临也。敬,谓敬其事。共用之谓勇。无勇,谓怯敌与轻生也。郑云:'遂,犹成也。'灾,伤害也。《哀公问于孔子》篇曰:'不能敬其身,是伤其亲也。'"汪照曰:"孔氏安国曰:'人生禀父母之血气,情性相通,分形异体,能自保全而无刑伤,则其所以为孝之始者。是以君子之道,谦约自持,居上不骄,处下不乱,推敌能让,在众不争,故远于咎悔而无凶祸之灾也。'"

[6]"烹熟鲜香,尝而进之,非孝也,养也":王聘珍曰:"鸟兽新杀曰鲜。香,谓黍稷馨香也。尝者,谓尝其旨否也。养也者,谓养口体也。"阮元注:"烹,烹肉。熟,熟谷。鲜,读为羶,肉气也。香,谷气也。"

[7]"国人皆称愿焉":王聘珍曰:"称,誉也。愿,犹慕也。《哀公问于孔子》篇曰:'君子也者,人之成名也。百姓归之名,谓之君子之子,是使其亲为君子也。'"王树枬则认为:"称,宜读如《尔雅》、《释诂》'称好也'之'称'。郭璞注云:'物称人意谓之好。'称愿者,称人之愿也。下句'幸哉,有子如此',称愿之词也。阮注释为'称扬'之'称',失之。"两说皆可通。不过结合该句语意,"君子之所谓孝者"所指的"孝"应指孝这种行为或者品德,而非孝子这个人,那

么"称愿"应为动词而非动宾结构。故此从王聘珍之说。

[8]"民之本教曰孝":卢辩注:"《孝经》曰:'夫孝,德之本也,教之所由生也。'"

[9]"其行之曰养":卢辩注:"谓致衣食、省安否。"

[10]"卒为难":王聘珍曰:"卒,终也。"

[11]"可谓能终也":王聘珍曰:"此言'卒为难'之义。《孝经》曰:'立身行道,扬名于后世,以显父母,孝之终也。'《内则》曰:'终身也者,非终父母之身,终其身也。'"

[12]"夫仁者,仁此者也;义者,宜此者也;忠者,中此者也;信者,信此者也;礼者,体此者也;行者,行此者也;强者,强此者也。乐自顺此生,刑自反此作":王聘珍曰:"此者,并谓孝也。乐,谓音乐。《孟子》曰:'乐之实,乐斯二者。乐则生矣,生则恶可已也,恶可已则不知足之蹈之,手之舞之。'刑,谓五刑。《孝经》曰:'五刑之属三千,而罪莫大于不孝。'"阮元注:"此,皆指孝而言。古人读字,若分缓急,其义即殊。仁此、宜此、中此、信此、体此、行此、强此,皆于本字分缓急声而异其音者也。'仁此'之'仁',读如'相人偶'之'人';'中',读如'亿则屡中'之'中';'信此'之'信',读如'不我信兮'之'信'。孔颖达云:'顺从孝道,则身和乐;违反孝道,则刑戮及身。'"

[13]"夫孝者,天下之大经也":王聘珍引《孝经》曰:"夫孝,天地之经,而民实则之。"阮元注:"仁、义、忠、信、礼、行、强皆本乎孝,故曰大经。"并释曰:"《小戴》无此句。"

[14]"置之而塞于天地,衡[溥]之而衡于四海":卢辩注:"置,犹立也。衡,犹横也。"阮元谓:"《孝经》曰:'孝弟之至,光于四海。'光,犹横也。"孔广森补注:"《小戴》上'衡'作'溥',下'衡'作'横'。"

按，据《大戴礼记》行文习惯，两"衡"字不当重复，上"衡"应为"溥"，下"衡"则通于"横"。"溥"者，《礼记·祭义》"溥之而横乎四海"陆德明释文："本亦作敷。"《经义述闻·礼记下》亦曰："溥之而横乎四海。溥，本作敷。敷，布也。《群书治要》及《初学记·人部上》、《太平御览·人事部五十三》并引《祭义》：'敷之而横乎四海。'"

[15]"施诸后世而无朝夕"：卢辩注："言常行也。"孔广森补注："施，延也。"阮元注："谓无一日不行也。"

[16]"大孝不匮"：卢辩注："《诗》云'孝子不匮，永锡尔类'也。"阮元注："匮，竭也。"

[17]"中孝用劳"：卢辩注："劳，犹功也。""劳"有"功"之义，《诗·大雅·民劳》"无弃尔劳"郑玄笺："劳，犹功也。"《论语·公冶长》"无施劳"朱熹集注："劳，谓有功。"然"功"义于此稍嫌突兀，"尊仁安义"何以谓之"用劳"？"劳"又有"忧"义，《淮南子·精神》"竭力而劳万民"高诱注："劳，忧也。"《汉书·谷永传》"损燕私之间以劳天下"颜师古注亦如是。《诗·桧风·羔裘》"劳心忉忉"陈奂传疏："劳，亦忧也。""中孝用劳"谓忧心父母，下文"尊仁安义，可谓用劳矣"意思是以己之尊仁安义、沉潜德性使父母免于心忧，即所谓"不遗父母羞"，在孝道的层次中既低于"不匮"，又高于"用力"。

[18]"博施备物，可谓不匮矣；尊仁安义，可谓用劳矣；慈〈思〉爱忘劳，可谓用力矣"：孔广森以为"博施备物"指"王者之孝"："德教加于百姓，行于四海，博施之谓也。四海之内，各以其职来祭，备物之谓也。"等而下之则分别为"大夫、士之孝"与"庶人之孝"。该段又见于《礼记·祭义》，孔颖达疏："'孝有三'者，'大孝尊亲'，一也，即是下文云'大孝不匮，圣人为天子者'也。尊亲，严父配天也。'其次弗辱'，二也，谓贤人为诸侯及卿大夫士也，各保社稷宗庙祭

祀,不使倾危以辱亲也,即与下文'中孝用劳'亦为一也。'其下能养',三也,谓庶人也,与下文云'小孝用力'为一。"王聘珍曰:"博施者,《孝经》曰'德教加于百姓,刑于四海'也。备物者,《中庸》曰:'富有四海之内,宗庙飨之。'《孟子》曰:'以天下养,养之至也。'尊仁安义者,《孟子》曰:'杀一无罪,非仁也;非其有而取之,非义也。居仁由义,大人之事备矣。'《周礼》曰:'事功曰劳。'慈者,《内则》曰'慈以旨甘'是也。爱,谓孝子之有深爱也。忘劳,谓忘己之劳苦。《书》曰:'肇牵牛车远服贾,用孝养厥父母。'《孟子》曰:'竭力耕田,供为子职。'"又,对于"慈爱忘劳",王树枏曰:"阮注曰:《小戴记》'慈'上有'思'字,是也。郑司农云:'思父母之慈爱己,而自忘己之劳苦也。'"今案:慈爱忘劳,本作'思爱忘劳'。'慈'字涉注文而衍。'思爱忘劳'与'博施备物'、'尊仁安义'句法皆一例,今正。"慈爱"于此不通,王说可从。

[19]"父母恶之,惧而无怨;父母有过,谏而不逆":卢辩注:"当柔声下气也。"王聘珍曰:"郑注《祭义》云:'无怨者,无怨于父母之心。不逆,顺而谏之。'"

[20]"父母既殁,以哀祀之,加之如此谓礼终矣":卢辩注:"哀谓服之三年,祀谓春秋享之。"王聘珍曰:"《孝经》曰:'孝子之丧亲也,哭不偯,礼无容,言不文,服美不安,闻乐不乐,食旨不甘,此哀戚之情也。''祀之加之'者,《楚语》曰:'祀加于举。天子举以太牢,祀以会;诸侯举以特牛,祀以太牢;卿举以少牢,祀以特牛;大夫举以特牲,祀以少牢;士食鱼炙,祀以特牲;庶人食菜,祀以鱼。'《祭统》曰:'孝子之事亲也,有三道焉。养则观其顺也,丧则观其哀也,祭则观其敬而时也。'"王念孙此句读为"加之如此谓礼终矣",并且认为:"此本作'如此之谓礼终矣',今本'加'字即'如'之误而衍者,

'之'字又倒在'如此'上,则文不成义。《祭义》作'此之谓礼终',是其证。"阮元注:"孝子祀亲必哀,故《祭义》曰:'霜露既降,君子履之,必有悽怆之心,非其寒之谓也。春雨露既濡,君子履之,必有怵惕之心,如将见之。乐以迎来,哀以送往。'《孝经》曰:'春秋祭祀,以时思之。'加之如此,谓加既终之礼于三孝也。曾子曰:'慎终追远,民德归厚矣。'又曰:'孝子之身终。终身也者,非终父母之身,终其身也。'"王树枏曰:"王(王念孙,引者注)本是也。阮注'加之如此,谓加既终之礼于三孝也',义迂曲不可从。"汪中案:"'加'字当是'如'字之讹,又衍一'如'字,'之'字当乙下,当作'如此之谓礼终矣'。彬案:'加之'二字,'如此'下脱一'可'字。"对此汪喜孙案:"先君于既下己意之后,复引朱说于下。于经文则抹去'加之'二字。疑后改从朱说,或两存之,亦不可知。"此处从王念孙之说。

曾子说:"孝有三个层次:最大的孝在于让父母亲得享尊荣,其次在于不给父母带来耻辱,再其次的是能成全父母的心愿。"公明仪问曾子说:"夫子您可以算是有孝道了吧?"曾子说:"你说的这是什么话!这是什么话!君子所谓的孝,要做到揣摩父母之意、秉承父母之志,并且以正道劝谕父母。我只能说做到了奉养父母的地步,怎么敢说已经做到了孝了呢?我们自身都是父母之分体,用父母之分体去行事,敢不敬慎吗?所以说若是居家而不庄重,就不合乎孝道;事奉君主而不忠,也不合乎孝道;担任官职而不敬谨,也不合乎孝道;与朋友交往而不讲求信用,也不合乎孝道;临战而不勇敢,也不合乎孝道。庄、忠、敬、信、勇这五者都做不到,灾祸就会降临于身,如此,怎么能不重视孝道?

所以，只做到将烹熟鲜香的食物品尝之后进献于父母，并不算孝，只能说是供养。君子所说的孝，应该是其言行能够为国人所普遍称赞仰慕，说：'真是太幸运了，能有个这样的孩子。'这才是真正的孝。对民众而言，最根本的教化之道就是孝，其具体表现叫做养。供养父母是可以做到的，但要做到恭敬父母就比较难。对父母恭敬也是可以做到的，但要做到让父母安心就比较难。让父母安心也是可以做到的，但要长久坚持就比较难。长久坚持也是可以做到的，但要做到由始至终、奉行终生就比较难。父母去世以后，谨慎行事，不给父母带来恶名，可以说是能够终尽孝道了。"

所谓的仁，就是由孝道推行出来的对人的仁爱；所谓的义，就是经由孝道得知如何处世得宜；所谓的忠，就是由孝道所表达出来的忠心；所谓的信，就是由孝道而表现出来的信实；所谓的礼，就是切身遵从孝道；所谓的行，就是践履孝道；所谓的强，就是黾勉行孝。欢乐是由顺应孝道而产生的，遭受刑罚是由违逆孝道而导致的。孝，是天下最大最高的原则。将孝道树立起来，它能够充塞天地；将孝道推布开来，它能够达于四海。将孝道施用于后世，它可以成为人们日日践行的常道。将它推广到东海，它就会成为那里的准则；将它推广到西海，它就会成为那里的准则；将它推广到南海，它就会成为那里的准则；将它推广到北海，它就会成为那里的准则。《诗经》说"从西到东，从南到北，没有不宾服的"，说的就是孝道。

孝有三个层次：大孝是做到孝心永不匮竭；中孝体现在顾虑父母的忧心上；小孝体现在使用气力上。能够做到为天下所拥戴成为天子，进而德教加于百姓，同时使四海来祭，这就是所谓的"不匮"；尊崇仁、安行义，修身以德，不给父母带来忧愁，这就是所谓的

"用劳";能够体会到父母对自己的疼爱又忘记自己奉行孝道的辛劳,这就是所谓的"用力"。父母疼爱自己,自己感到喜悦而铭记在心;父母如果厌恶自己,那么就恐惧戒慎而不怨恨父母;父母如果有了过错,就柔声下气地劝谏而不顶撞父母;父母去世了,就哀痛地加以祭祀。能够做到这些,就可以说是将礼贯彻到底了。

　　乐正子春下堂而伤其足,伤瘳,数月不出,犹有忧色。门弟子问曰:"夫子伤足瘳矣,数月不出,犹有忧色,何也?"乐正子春曰:"善如尔之问也。吾闻之曾子,曾子闻诸夫子曰:'天之所生,地之所养,人为大矣。父母全而生之,子全而归之,可谓孝矣;不亏其体,可谓全矣。'[1]故君子顷步之不敢忘也[2]。今予忘夫孝之道矣,予是以有忧色。"故君子一举足不敢忘父母,一出言不敢忘父母。一举足不敢忘父母,故道而不径[3],舟而不游[4],不敢以先父母之遗体行殆也[5]。一出言不敢忘父母,是故恶言不出于口,忿言不及于己。然后不辱其身,不忧其亲,则可谓孝矣。

注

　　[1]"天之所生,地之所养,人为大矣。父母全而归之,可谓孝矣;不亏其体,可谓全矣":卢辩注:"《孝经》曰:'天地之性,人为贵。人之行,莫大于孝也。'"阮元注:"生之、归之,皆指

性、行而言。”

[2]“故君子颐步之不敢忘也”：卢辩注：“跬，当声误为‘颐’。”孔广森补注：《小尔雅》曰：‘跬，一举足也。倍跬谓之布。’字本从足圭声，亦或为‘頍’，以《唐韵》言之，耿、迥之阴声即转入纸、蟹也。”阮元注：“颐，读为跬，声近假借也。跬，一举足也。”

[3]“道而不径”：卢辩注：“不由径。”阮元注：“径，步邪赴险也。……‘径’与‘游’对，言人径之，非路径实字也。故引《上林赋》以明其义。《小戴》郑司农注此，亦曰：‘径，步邪疾趋也。’卢注引‘行不由径’，非是。”王树枏亦曰：“《论语》‘行不由径’，‘径’字亦指‘步邪赴险’而言，后人指为‘径路’者，误也。”

[4]“舟而不游”：孔广森补注：“浮行水上曰游，潜行水中曰泳。”

[5]“不敢以先父母之遗体行殆也”：卢辩注：“殆，危也。”孔广森补注：“《孝行览》云：《曾子》曰：‘父母生之，子弗敢杀；父母置之，子弗敢废；父母全之，子弗敢阙。故舟而不游，道而不径，能全支体，以守宗庙，可谓孝矣。’”

乐正子春走下堂的时候伤了他的脚，伤愈之后几个月不出门并且面有忧色。他的弟子就问道：“您的脚伤已经痊愈，几个月过去了还不出门，并且面带忧虑之色，这是为什么呢？”乐正子春说：“你的问题问得好啊。我曾经听曾子说过，曾子则是听孔夫子说的：‘上天所生的、大地所养的（万物之中），以人为最大。父母完完整整地把你生在世上，你就要保全身体完完整整地归还给他们，这就是孝。不使身体有所亏损，这叫做全。是以君子每走一步都不敢忘记这一点。'如今我忘了这个孝的道理,因此才有忧虑的容色。所以君子一举足不敢忘记父母的恩德,一说话不敢忘记父母的恩德。正因为一举足不敢忘记父母的恩德,所以走路的时候要避开危险的地方,过河的时候要乘船而不敢浮游过去,不敢以父母的分体行危险之事。一说话不敢忘记父母的恩德,所以恶言不敢从口中说出,忿恨之言也不敢沾及,做到这些以后才能使自己不遭受侮辱,不让父母担忧,这就可以说是孝道了。"

草木以时伐焉,禽兽以时杀焉。夫子[1]曰:"伐一木,杀一兽,不以其时,非孝也[2]。"

[1]"夫子":卢辩注:"夫子,孔子。"王聘珍注及汪照注则引郑氏说谓:"曾子述其言以云。"因该节位置可能有错讹,今并存其说。

[2]"伐一木,杀一兽,不以其时,非孝也":阮元注:"非孝者,暴天地生物之仁,违王者用物之义。《周礼·山虞》曰:'中冬斩阳木,中夏斩阴木。'《王制》曰:'豺祭兽,然后田猎。鸠化为鹰,然后设罻罗。'"阮元认为"此节二十八字,《小戴》在'孝有三'之前,'谓也'之后",并且释曰:"旧校本有'凡三章'三大字,'新别'二小字。又云:'凡六百五十五字。'孔云:'今多二十八字。案,"草木"以下二十八字,《小戴》原在"此之谓也"下,疑《大戴》旧本脱此章,故未计入字数。后人从别本校补,遂附之篇末,不与前文相属。'"孙诒让则认为:"以宋本篇末字数校之,则此二十八字似不在此篇。窃

疑此数语与后《制言上》篇'杀六畜不当及亲'云云义颇相近,岂旧本本在彼篇,后人以《小戴记》校之而移缀此篇之末邪?"亦可存一说。

　　草木应根据时节去砍伐,禽兽应当按照时节去捕杀。曾子(或者孔子)说:"砍伐一棵树、捕杀一只野兽,如果不在适当的时节,那就不是孝的行为了。"

曾子事父母

单居离问于曾子曰："事父母有道乎？"

曾子曰："有。爱而敬。父母之行，若中道则从，若不中道则谏，谏而不用，行之如由己[1]。从而不谏，非孝也[2]；谏而不从，亦非孝也[3]。孝子之谏，达善而不敢争辨[4]。争辨者，[作]乱之所由兴也[5]。由己为无咎则宁，由己为贤人则乱[6]。孝子〈无私忧、〉无私乐，父母所忧忧之，父母所乐乐之[7]。孝子唯巧变，故父母安之[8]。若夫坐如尸，立如齐，弗讯不言[9]，言必齐色[10]，此成人之善者也，未得为人子之道也[11]。"

 注

[1]"父母之行，若中道则从，若不中道则谏，谏而不用，行之如由己"：卢辩注："且俯从所行，而思谏道也。"孔广森补注："如由己，使若父母之过由己致之者。《立孝》云'不可入也，吾辞其罪'，义相备也。'中'，去声，篇内皆同。"阮元注："亲中道则子从，不中道则子谏。谏而亲不用，则亲行之不中道，如由己致之。代亲受过，更思复谏。《孝经》曰：'父有争子，则身不陷于不义。故当不

义,则子不可以不争于父。'"王聘珍曰:"中,当也。行之,谓父母行之。由,自也。如由己者,过则归己也。"若仅就"如由己",可如孔注释为"使若父母之过由己致之者",然前有"行之","行之"乃指自身而言,非谓父母,则孙说略显迂曲。按:"由"当训为"自",《尔雅·释诂上》云:"由,自也。"《礼记·内则》"由衣服饮食"郑玄注及《易·豫》"由豫"惠栋述均训为"自"。"行之如由己"意为父母之行不中道,己与之虽不苟同、谏之亦不用,但依然与父母保持一致,若完全出自自己内心一样。

〔2〕"从而不谏,非孝也":卢辩注:"同父母之非,不匡谏。"

〔3〕"谏而不从,亦非孝也":卢辩注:"徒以义谏而行不从。"孔广森补注:"从,顺也。无犯者,事亲之义也。虽臣之于君,亦务引诸当道,非徒自沽直而已。故《春秋》贤曹羁,以为能顺谏也。"阮元注:"《孝经》曰:'故当不义,则争之。从父之令,又焉得为孝乎?'强谏而不从,不善谏也,亦非孝道。"

〔4〕"孝子之谏,达善而不敢争辨":卢辩注:"《内则》曰:'父母有过,下气怡色,柔声以谏。谏若不入,起敬起孝,说则复谏。'"孔广森补注:"达善,以善言达于亲也。"阮元则认为:"达善者,但达善道于亲,而不敢强争强辨。"王聘珍曰:"达,致也。达善,谓致其善道于亲。对辨为争,分别为辨。"两说皆可通,只是孔注略显迂曲,故不从。

〔5〕"争辨者,〔作〕乱之所由兴也":王念孙曰:"'作'字衍。此谓父子争辨,则乱由此兴,非谓'作乱'也。且既言'兴',则不得更言'作'。据下文云'由己为贤人则乱',则'乱'上无'作'字明矣。《立孝》篇又云:'君子之孝也,忠爱以敬,反是,乱也。'"王树枏案:"'作'字当是一本作'作'、一本作'兴',校书者注'作'于'兴'字之

旁,或以'作'字解'兴',后人因误入正文,而以意倒之于'乱'字之上耳。今从王本。"王念孙之说可从。

[6]"由己为无咎则宁,由己为贤人则乱":卢辩注:"谓争辨'贤'与'无咎'互相足。"孔广森补注:"言谕亲于道,使无大咎,则可以安也。将责难陈善,使其亲由己而为贤人,则失无犯之义。"阮元注:"谏亲者,但求因谏而亲免于过。若谓由己之谏,使不贤之亲转为贤人,则是扬亲过而自立名,大乱之道。"王聘珍曰:"由,用也。由己,谓父母用己之谏。无咎,谓咎故不生也。宁,安也。贤,犹胜也,谓争辨求胜也。左氏宣十五年《传》曰:'民反德为乱,乱则妖灾生。'"又,王树枏案:"'无咎',当作'无名'。此与《立孝》篇'欢欣忠信,名故不生'义同,彼'名'字,今本亦讹作'咎',可以互证。上文云'谏而不用,行之如由己',此承彼文言奉行亲意如由己出,不为其名则亲心安宁也。由己为贤人,则自以贤于人为名,与上句'无名'正相反,是为乱之所从生也。《文王官人》又云'贤人以言',亦即此'贤人'之义。卢本'咎'字似已讹,故不得其解,孔说尤误。"或可存一说。

[7]"孝子〈无私忧、〉无私乐,父母所忧忧之,父母所乐乐之":该句阮元作"孝子无私忧、无私乐,父母所忧忧之,父母所乐乐之",注:"孝子唯知有亲,故忧乐相同。"并释曰:"今本皆脱'无私忧'三字,丁教授云:'方正学《逊志斋集·读曾子》篇引此有三字,今据以补此。然则宋本《曾子》,明初尚未亡也。'"王树枏曰:"朱彬曰:'"乐"上脱"忧"字。'阮本作'孝子无私忧、无私乐'。丁杰云:'方正学《逊志斋集读曾子篇》引此有"无私忧"三字。'今从阮本。"

[8]"孝子唯巧变,故父母安之":王聘珍曰:"巧,善也。变,犹化也。安,乐也。《孟子》曰:'舜尽事亲之道,而瞽瞍厎豫也。'"阮

元注:"巧变者,若舜在床琴,象忧亦忧,象喜亦喜。"

[9]"坐如尸,立如齐,弗讯不言":卢辩注:"齐谓祭祀时。讯,问也。"阮元注:"坐如祭尸之位,立如致斋之时,皆庄敬也。上问下曰讯。"

[10]"言必齐色":卢辩注:"严敬其色。"孔广森曰:"上'齐'音'斋',此'齐'如字。"阮元注:"齐色,整齐颜色也。"俞樾曰:"'言必齐色'者,言必正色也。《诗·小宛》篇'人之齐圣'毛传曰:'齐,正。'《周易·系辞上传》'齐小大者存乎卦'王肃注曰:'齐犹正也。'是其义也。卢但训为'严敬',于义未尽。"

[11]"此成人之善者也,未得为人子之道也":卢辩注:"为人父之事。"孔广森补注:"《庄子》曰:'以敬孝易,以爱孝难。'"阮元注:"成人,谓学有成立之人。《祭义》曰:'严威俨恪,非所以事亲也,成人之道也。'"

译

曾子弟子单居离问曾子道:"事奉父母有应当遵循的原则吗?"曾子说:"有。那就是爱和敬。父母的行为,如果合乎正道就听从他们,如果不合乎正道就微言劝谏。劝谏而不被采用,那就去承担父母的过错,好像是由于自己的缘故而导致他们犯错一样。如果只是顺从而不劝谏,那就不是孝;如果强行劝谏而不顺从,那也不是孝。孝子的劝谏,要柔声下气、委婉相劝使之合于正道而不敢强力争辩是非或者分别对错,否则就会导致祸乱萌生。如果只是希望父母听从劝谏而免于过错,家庭就会安宁;如果希望劝谏父母使之成为贤人,就会带来祸乱。孝子没有私自的欢乐、忧愁,而是以父母之忧为忧、以父母之乐为乐。孝子(应根据情况)巧于应对,如此才会使父母安心。至于那些像祭尸一般端坐、像斋戒时一般挺立，没有受到问询就不说话，讲话时一定要端正神色的行为，只是一般人修养有成的善行，而不是为人子者所当尊奉之道。"

单居离问曰："事兄有道乎？"

曾子曰："有。尊事之以为己望也[1]，兄事之不遗其言[2]。兄之行若中道，则［兄］事之；兄之行若不中道，则养之[3]。养之内，不养于外，则是越之也；养之外，不养于内，则是疏之也[4]；是故君子内外养之也。"

[1]"尊事之以为己望也"：卢辩注："谓仪象也。"孔广森补注："尊事，《通解》作'尊视'。"阮元注："为己所表望。"《诗·陈风·宛丘》"而无望兮"朱熹集传："望，人所瞻望也。"即以其为己之表率。

[2]"兄事之不遗其言"：卢辩注："奉其所令。"阮元注："兄，读若况。况若尊大之然。言，谓兄所命言。"王念孙以为该句当为"尊事之以为己望，不遗其言"，曰："尊事之以为己望，不遗其言，文义上下相承，则'也'为衍文。'兄事之'三字疑亦涉下文'弟之行若不中道则兄事之'而衍。盖非我兄而事之如兄，故曰'兄事之'。《曲礼》曰'十年以长则兄事之'是也。既为我之兄，何得言'兄事之'乎？且既言'尊事之'，则不必更言'兄事之'矣。下文'兄之行若中道，则兄事之；兄之行若不中道，则养之'，'事之'与'养之'对文。则'事'上不当有'兄'字，盖亦涉下文而衍。"王说甚是。

[3]"兄之行若中道,则[兄]事之;兄之行若不中道,则养之":
卢辩注:"养,犹隐之。"孔广森补注:"如'中也养不中'之'养'。"阮
元云:"兄本是兄,非比他人而兄事之。曷为言'兄事'?盖古人读
字每有缓急之别,兄读为缓声则为况,故《白虎通》曰:'兄,况也。'
《释名》曰:'兄,荒也。荒,大也。'《诗·大雅》'仓兄填兮,职兄斯
引',皆读为怳,是此义也。此节下文'则兄事之',亦同此例。"并且
认为"养"意为"容":"《广雅》:'容、养,饰也。''容'、'养'声转义同。
《说文》'容'字不但从谷,谷亦当为声。古音东、冬、屋、沃每相关
通,故《诗·车攻》以'同'韵'调',《常棣》以'戎'音'务',是其验也。
《尔雅》'东风谓之谷风',谷读若容。容,养也。《老子》'谷神不
死','谷'字即'容'之假借字,故河上公训为'养',此古义也。"然而
"容"亦有"隐"义,《尚书·微子》"用以容"孙星衍《尚书今古文注
疏》:"容,隐也。"《群经平议·礼记三》"振容"俞樾按:"容之言容隐
也。"又,"容"有"饰"义,《广雅·释诂二》:"容,饰也。"《逸周书·逸
文》"宫室不容"朱右曾《逸周书集训校释》及《礼记·丧服大记》"振
容"孔颖达疏均如是。因而王树枏曰:"阮注曰:'养,容也。'今案:
《广雅》:'容、养,饰也。'饰,即卢注'隐之'之义。隐、养声近字。"而
"养"之本字,王聘珍谓:"'养'读若'中心养养',忧念也。"《诗·邶
风·二子乘舟》"中心养养"毛传:"养养然,忧不知所定。"王聘珍之
说亦可通。

[4]"养之内,不养于外,则是越之也;养之外,不养于内,则是
疏之也":孔广森补注:"越,过也。言以能贤加其兄。一曰:'越,谓
"视若越人",亦疏之也。'"阮元注:"内,谓家室。外,谓朝廷交游。
越之,谓扬其过于外也。"王聘珍则曰:"内谓心,外谓貌。越,疾也。
疏,远也。内外养之,谓忧诚于中,形于外,冀感悟之也。"孙诒让

曰:"丁校云:'越是戚之讹。'案:丁校近是。《帝系》篇'戚章王',《史记·楚世家》'戚'亦作'越',是其证。'戚之',与上文'疏之'正相对,谓亲而不敬也。""越"字难解。就阮注而言,其训"养"为"容",训"越"为"扬",然而既然能包容于家内,何以要扬其过于朝廷? 就王聘珍之注而言,其训"养"为"忧",训"越"为"疾",然而内心忧思而没有表现于外现的容貌,又有什么问题呢? 何以谓之"疾"? 不过愚以为其训"养"为"忧念"可从,只是"内"、"外"当如阮元所言,谓之家内与家外,而"越"则当训为"失",《国语·齐语》"恐陨越于下"韦昭注:"越,失也。"《吕氏春秋·士容》"而处义不越"高诱注亦如是。该句意思是:只担忧兄长在家内的表现(包括言行与德性等)而不担忧其在家外的作为,那是不够的;只担忧兄长在家庭外的表现而不忧思其在家内的作为是否合适,那就有点疏远了。

单居离问道:"事奉兄长有什么原则吗?"

曾子说:"有。尊事兄长,以兄长为自己的表率,对他的吩咐要尽力遵从,不要遗漏。兄长的行为如果合乎正道,就以兄长的礼数对待他;兄长的行为如果不合乎正道,就要对此心怀忧思。如果只担忧其在家内的表现而不担忧其在家外的作为,那是有缺失的;如果只担忧其在家外的作为而不担忧其在家内的表现,那就疏远了。所以说君子对于兄长的过错不管是在家内还是家外都应该有所忧思。"

单居离问曰:"使弟有道乎?"

　　曾子曰:"有。嘉事不失时也[1]。弟之行若中道,则正以使之[2];弟之行若不中道,则兄事之[3]。诎事兄之道,若不可,然后舍之矣[4]。"

　　[1]"嘉事不失时也":卢辩注:"谓冠、娶也。"汪照曰:"《周礼·大宗伯》'以嘉礼亲万民',注:'嘉,善也。'""嘉"固然可以训"善",但若谓"善事不失时"则过于宽泛,且兄对弟的道德义务又过于繁、重。"嘉"具体指婚礼,《诗·大雅·大明》"文王嘉止"朱熹集传:"嘉,婚礼也。"《易·乾·文言》"亨者,嘉之会也"惠栋述:"昏礼称嘉。"此处意味着兄对弟负有使其婚事不失时的义务。

　　[2]"弟之行若中道,则正以使之":卢辩注:"正以使之以弟道。"

　　[3]"弟之行若不中道,则兄事之":卢辩注:"且以兄礼敬之。"阮元注:"兄事之者,亦如事兄之道养之也。中养不中,贤兄之道也。"今人方向东先生认为诸家之说皆误,他说:"阮说误,卢注亦误,此段言使弟之道,弟之行若中道,则正以使之;若不中道,则兄事之,言以兄之身份去对待弟,行使兄长之权力职责也。若言弟事兄,则是言弟之行若不中道,则弟以事兄之道事之或以兄礼敬之,斯为不辞。"①只是如此一来,其与"正以使之"就无法区分,对此学者已辩之甚明。②

---

　　① 方向东:《大戴礼记汇校集解》,中华书局,2008年,第524页。
　　② 参见刘光胜:《出土文献与〈曾子〉十篇比较研究》,上海古籍出版社,2016年,第73页。

[4]"诎事兄之道,若不可,然后舍之矣":卢辩注:"屈事兄之道,然犹不变,则怒罚之。"阮元注:"诎,犹屈也。诎事兄之道于弟,犹不可化,则舍之。舍,释也。"王聘珍曰:"诎,尽也。不可,谓不可化也。舍,止也。"王树枏曰:"阮注曰:'舍,释也。'洪震煊云:'释之以须其后。'卢注'怒罚之',非是。"两说皆可通,然卢氏、阮氏之注皆有委曲求全之义,不如王聘珍之释。《史记·司马相如列传》"徼䜣受诎"裴骃集解引郭璞曰:"诎,尽也。"

单居离问道:"使唤弟弟有什么原则吗?"

曾子说:"有。兄长应当操持弟弟的婚事使其不错过合适的年纪。弟弟的行为如果合乎正道,那就以对待弟弟的正道来指使他;弟弟的行为如果不合乎正道,那就以对待兄长的方式来对待弟弟,极尽努力之后,如果还不能教化他,那兄长就可以放弃了。"

曾子曰:"夫礼,大之由也,不与小之自也[1]。饮食以齿[2],力事不让[3],辱事不齿[4],执觞觚杯豆而不醉[5],和歌而不哀[6]。夫弟者[7],不衡坐,不苟越,不干逆色,趋翔周旋,俯仰从命,不见于颜色,未成于弟也[8]。"

[1]"夫礼,大之由也,不与小之自也":卢辩注:"言大者得自

由也。"孔广森补注:"自亦由也。言礼贵由其大者,不谓能由其小者。与,谓也。《小正传》曰:'其必与之兽。'"王聘珍曰:"礼,谓成人之礼。大,谓年长者。由,用也。'与'读若'可与共学'之'与'。小,幼小也。自,由也。言礼为成人之用,不可遽与幼者由也。此目下经事也。《内则》曰:'二十而冠,始学礼。十年,朝夕学幼仪。'"王树枏云:"胡珸曰:'"不与"二字衍。此二语犹云"小大由之也"。'刘逢禄案:'胡说似是而非,孔补注至确。'"

〔2〕"饮食以齿":卢辩注:"以长幼也。"王聘珍曰:"此与下节并言小之自者幼仪是也。以齿,年齿也,《内则》曰'八年饮食必后长者'是也。"

〔3〕"力事不让":阮元注:"劳苦之事,先代长者。"王聘珍曰:"力事者,用力之事。不让,不责之也。幼者小力。"阮注为上。

〔4〕"辱事不齿":孔广森补注:"不自以齿长辞辱事也。"阮元注:"卑贱之事,不推长者。……此段补论事兄之道,非论使弟之道。孔注曰'不以齿长辞辱事',非也。"王聘珍曰:"辱事,屈亵之事,幼者所当为,不得与成人齿也。"王树枏曰:"朱筠曰:'辱事不齿,"齿"字涉上"饮食以齿"误也,当作"不耻"为是。'汪中曰:'辱事不齿,言少者当亲辱事耳。《国语》王孙雄曰"危事不齿"是也。'"孙诒让亦引孙校云:"齿,疑当作耻。""饮食以齿"与"辱事不齿"两"齿"字不当重复,其或为"耻"之误。

〔5〕"执觞觚杯豆而不醉":卢辩注:"觚,酒器也。实之曰觞。杯,盘、盏、盆、盏之总名也。豆,酱器。以木曰豆,以瓦曰登。"孔广森补注:"觚实二升,豆实倍之。言不醉者,亦谓以豆盛酒。"王聘珍曰:《说文》云:'醉,溃也。'不醉者,不至溃而失仪也。"不过阮元引洪震煊云:"觞、觚,饮器也。一升曰爵,二升曰觚,三升曰觯,四升

曰角,五升曰散。总名曰爵,实之曰觯。杯、豆,亦饮器。《玉藻》曰:'母没而杯圈不能饮焉。'《考工记》曰:'饮一豆酒。'"并释曰:"'一升'至'曰觯',此《礼记》疏所引《韩诗》说也。引《玉藻》、《考工记》,以明四者皆饮器,别于卢注也。"从"而不醉"可见"觯觚杯豆"皆当饮器,兹从阮说。

[6]"和歌而不哀":孔广森补注:"《传》曰:'哀乐而乐哀,皆丧心也。故君子哭则不歌,歌则不哀。'"王聘珍曰:"和,声相应也。哀,伤也。"阮元注:"不以己之私,致长者不乐。'饮食'以下五事,皆礼之小者。"王说为是。

[7]"夫弟者":孔广森补注:"此三字,当在'饮食以齿'之上。"阮元云:"'夫弟者'三字,重申礼小,与下'未成于弟'相应。孔谓当在'饮食以齿'之上,似非。"王树枏认为:"此三字当在'未成弟也'上,在此隔气,在'饮食以齿'之上,与上文亦隔气。"可备一说。

[8]"不衡坐,不苟越,不干逆色,趋翔周旋,俯仰从命":孔广森补注:"《曲礼》曰:'并坐不横肱。'又曰:'先生书策,琴瑟在前,坐而迁之,戒勿越。'干,犯也。逆色,怒色。行而张拱曰翔。"按《礼记·曲礼上》"并坐不横肱"郑玄注:"为害旁人。"阮元注:"干,犯也。兄有逆色,不犯之。"王聘珍曰:"衡,横也。越,逾也。干,犯也。逆色,谓长者不悦之色也。趋,走也。翔,行而张拱也。俯仰,犹升降也。"

[9]"不见于颜色,未成于弟也":孔广森补注:"言劳而无愠。'礼不与小之自'以上诸事,皆礼之小者,故未成于弟之道也。"王聘珍曰:"言无倦容也。成,谓成人也。未成于弟,谓年未及成人者,其于弟道当如此。《冠义》曰:'已冠而字之,成人之道也。成人之

者,将责成人礼焉也。'"于鬯云:"'不见于颜色,未成于弟',则成弟贵在颜色矣,谓如上文所云'不衡坐,不苟越,不干逆色,趋翔周旋,俯仰从命',皆弟道也。然必于颜色始成于弟,苟不见于颜色,虽能如上文所云,犹未成于弟也。文义本显,而孔广森《补注》解'不见于颜色'为'劳而无愠',谬矣。诚劳而无愠犹曰未成于弟乎?且如其说,则'未成于弟'句与上文'夫弟者'三字歧义,故至欲掇'夫弟者'三字于上文'饮食以齿'句上,尤为任意颠倒矣。阮元《曾子注释》既非之,而仍袭其'劳而无愠'之说,强谓'夫弟者'与'未成于弟'相应,究安克应乎?不知'未成于弟'者全从'不'字中来,与'夫弟者'正呼应一贯也。此与《论语·为政》篇载子夏问孝,子曰'色难,有事弟子服其劳。有酒食,先生馔,曾是以为孝乎'其意大同。上文所云云者即彼'有事'云云,'不见于颜色'即'色难'之谓也,'未成于弟'犹'曾是以为孝'也。彼子夏问孝,而孔子所答固已兼弟言之,孝弟一理也。"于说可从。

曾子说:"从礼来说,成人之礼不必让年幼者也遵照行用。饮食之礼要序齿,分长幼之别;劳苦之事当争先而为,不应由长者去承受;屈亵之事应由年幼者去做,而不必推给年长者。年幼者在拿筋觚杯豆等饮酒器具喝酒时不要喝醉,附和别人唱歌的时候不要因为自己的哀伤而使长者不快。作为弟弟,坐的时候不可横坐曲肱而伤害到旁人,也不可以逾越界限(而显得无礼),兄长脸色不愉时不要去冒犯他,在长者快步或慢走时要周旋在他的身边,一俯一仰都要听命而行。能做到这些但在脸上没有表现出恭敬的神色,那就还没尽到为弟之道。"

曾子制言上

曾子曰:"夫行也者,行礼之谓也[1]。夫礼,贵者敬焉,老者孝焉,幼者慈焉,少者友焉,贱者惠焉[2]。此礼也,行之则行也,立之则义也[3]。今之所谓行者,犯其上,危其下,衡道而强立之[4]。天下无道,故若;天下有道,则有司之所求也[5]。故君子不贵兴道之士,而贵有耻之士也[6]。若由富贵兴道者,与贫贱,吾恐其或失也;若由贫贱兴道者,与富贵,吾恐其羸骄也[7]。夫有耻之士,富而不以道,则耻之;贫而不以道,则耻之[8]。弟子无曰"不我知也"。鄙夫鄙妇相会于廧阴,可谓密矣,明日则或扬其言矣[9]。故士执仁与义而明〈不闻〉,行之未笃故也,胡为其莫之闻也[10]?杀六畜不当,及亲,吾信之矣[11];使民不时,失国,吾信之矣[12]。蓬生麻中,不扶自直;白沙〈纱〉在泥〈涅〉,与之皆黑[13]。是故人之相与也,譬如舟车然,相济达也。己先则援之,彼先则推之[14]。是故人非人不济,马非马不走,土非土不高,水非水不流[15]。君子之为弟也,行则为人负[16]，无席则寝其趾[17]，使之为夫人则否[18]。近世无贾，在田无野，行无据旅[19]，苟若此，则夫杖可因笃焉[20]。富以苟，不如贫以誉；生以辱，不如死以荣[21]。辱可避，避之而已矣；及其不可避也，君子视死若归[22]。父母之仇，不与同生；兄弟之仇，不与聚国；朋友之仇，不与聚乡；族人之仇，不与聚邻[23]。良贾深藏如虚，君子有盛教如无[24]。"

[1]"夫行也者，行礼之谓也"：王聘珍注："《聘义》曰：'众人之所难而君子行之，故谓之有行。'又曰：'所贵于有行者，贵其行礼也。'"

[2]"礼，贵者敬焉，老者孝焉，幼者慈焉，少者友焉，贱者惠焉"：王聘珍曰："贵者，谓公卿大夫。《祭统》曰：'孝者畜也，顺于道，不逆于伦，是之谓畜。'慈，爱也。少，谓年少于己者。兄敬爱弟谓之友。贱，卑贱也。惠，谓恩惠。《祭义》曰：'贵贵，为其近于君也；贵老，为其近于亲也；慈幼，为其近于子也。'"阮元注："孔子见冕衣裳者，虽少必作，过之必趋，敬贵也。孝，畜也，老者畜养之。惠，仁也。"

[3]"此礼也，行之则行也，立之则义也"：王聘珍曰："行之，谓行于身也。则行者，谓为德行也。立，置也，谓置之于天下。义，宜也。《礼运》曰：'礼也者，义之实也。'"阮元注："行既立，则可以为义，以宜其类。"汪中引朱彬案："'行之则行也'，下'行'字疑是'仁'字。"对此汪喜孙案："各本作'行'。先君砭勒'行'字之旁，载朱说

于简端,继又抹砾说。盖存疑也。"王树枏则谓:"朱说是。下文'故
士执仁与义'正承此言,据改。"亦可备一说。

[4]"今之所谓行者,犯其上,危其下,衡道而强立之":卢辩
注:"衡,横也。"王聘珍曰:"犯,干也。上,谓其贵者、老者。危,厉
也。下,谓幼少、贱者。强,暴也。立,犹行也。"阮元谓:"不循正
道,矫强自立。"

[5]"天下无道,故若;天下有道,则有司之所求也":卢辩注:
"'故若',且自如也。'则有司之所求也',言为法吏所收诛也。"孔
广森补注:"'故若',犹言如故。'求',拘罪人也。《淮南子》曰:'求
不孝不悌戮暴傲悍而罚之。'"王引之案:"'故'字当属上读,'若'字
当属下读。言犯上危下之人所以幸而免者,天下无道故也,若天下
有道,则有司诛之矣。古人之文,多有详于下而略于上者。《檀弓》
曰'伯氏不出而图吾君,伯氏苟出而图吾君,申生受赐而死'、《晋
语》曰'彼塞我施,若无天乎。若云有天,吾必胜之'、《孟子·公孙
丑篇》曰'夫天未欲平治天下也。如欲平治天下,当今之世,舍我其
谁也?吾何为不豫哉'皆是也。"王树枏以为"王义长",然若从王引
之之说,按照古人行文习惯,"故"字下当有一"也"字。"若"当作
"如是"解,《荀子·王霸》"出若入若"杨倞注:"若,如此也。"《孟
子·梁惠王上》"以若所为求若所欲"朱熹集注及《史记·礼书》"若
者必死"张守节正义皆作是解。"天下无道,故若"意思是天下无道
方才导致其如此作为,若天下有道则不然。

[6]"故君子不贵兴道之士,而贵有耻之士也":王聘珍引郑注
《学记》云:"兴之言喜也,歆也。"阮元则注:"兴道,谓以殊行起名誉
者。"君子"不贵"者,以其非恒德行,一旦遇到下述之变故,如由富
贵而贫贱,或由贫贱而富贵,则难以持守如故。是以阮注为长。

[7]"若由富贵兴道者,与贫贱,吾恐其或失也;若由贫贱兴道者,与富贵,吾恐其羸骄也":卢辩注:"或,犹惑也。"阮元注:"或失,谓或不能自守。羸,当为'赢'字之误也。卢注'或'为'惑',今不从。戴校作'赢'。"王聘珍曰:"《释名》云:'赢,累也。'羸骄者,谓为富贵所累而生骄也。""羸"若作"累"解,则"羸骄"当为"骄羸"。罗新慧引《广雅·释诂》三"赢,过也",认为"赢"为"过度"之义,"赢骄即骄傲",①其说可从。"或失"与"赢骄"相对,卢注为上。又,"与贫贱"、"与富贵"与上下文文义不通,此处"与"字疑为"于",该句当为"若由富贵兴道者,于贫贱,吾恐其或失也;若由贫贱兴道者,于富贵,吾恐其赢骄也",意为由富贵兴道者,一旦遭遇境况变化,如沦于贫贱,难免困惑迷失;由贫贱兴道者,一旦富贵显达,则会骄傲自满。只有有耻之士,方能不论贫富贵贱而终生持守仁义。

[8]"夫有耻之士,富而不以道,则耻之;贫而不以道,则耻之":王聘珍曰:"《论语》曰:'邦有道,贫且贱焉,耻也;邦无道,富且贵焉,耻也。'"阮元注:"富不以道,若骄吝无礼。贫不以道,若怨诎无守。"孔广森补注:"富贵不淫,或要誉也。贫贱不慑,或慢人也。耻不以道,然后贫富无易志。"此句式与《论语·里仁》"子曰:'富与贵,是人之所欲也,不以其道,得之不处也。贫与贱,是人之所恶也,不以其道,得之不去也。'"相似,"富而不以道"可以理解,"贫而不以道"则难通:还有人想要以"道"而贫吗?因而此处"以"当训"为",《玉篇·人部》、《广韵·止韵》皆谓:"以,为也。"《经词衍释》卷一:"以,为也。左文公《传》'以城下之盟而还',桓公《传》作'为

---

① 罗新慧:《曾子研究——附〈大戴礼记〉"曾子"十篇注释》,商务印书馆,2013年,第341页。

城下之盟'。《孟子》'前以士,后以大夫'、《秦策》'仪固以小人','以'并'为'义。"《论语·为政》"视其所以"朱熹集注亦云:"以,为也。"又,"以"也可训为"由",《汉书·刘向传》"条其所以"颜师古注、《经传释词》卷一均云:"以,由也。"《战国策·燕策二》"以女自信可也"鲍彪注:"以,犹由。""由"者"行"也,《尚书·康诰》"别求闻由古先哲王"蔡沈集传、《论语·为政》"观其所由"朱熹注、《孟子·离娄上》"舍正路而不由"朱熹集注、《礼记·经解》"是故隆礼由礼"孔颖达疏及《广雅·释诂一》、《广韵·尤韵》均谓是。"夫有耻之士,富而不以道,则耻之;贫而不以道,则耻之"当谓有耻之士不管富贵还是贫贱均汲汲于行道。

[9]"鄙夫鄙妇相会于庐阴,可谓密矣,明日则或扬其言矣":王聘珍曰:"《广韵》'庐'同'墙'。《尔雅》曰:'墙谓之墉。'密,隐曲处也。扬,举也。"

[10]"故士执仁与义而明〈不闻〉,行之未笃故也,胡为其莫之闻也":阮元注:"此戒弟子勿以无闻誉,而自懈其修也。隐微鄙事,欲人不知,尚不能,何况持仁义之道,明行于世,岂终无闻?若其无闻,行未笃也。"并释曰:"此节意在劝弟子笃行仁义,自有人知。……又,《治要》作'故士执仁与义而不闻,行之未笃也'。案:此是魏征删节本文之故,不可从。"王引之未从阮注,曰:"《群书治要》引《曾子》'而明'作'而不闻'。引之谨案:'而明'二字,文不成义,当从《曾子》作'而不闻',言持守仁义而名誉不闻者,以行之未笃故也。行之笃,则闻矣,故又曰'胡为其莫之闻也'。'闻'与'明',字形相似而讹,又脱'不'字耳。马总《意林》引《曾子》而约其辞曰:'故云,执仁与义莫不闻也。'《荀子·劝学》篇曰'为善积邪,安有不闻者乎'可以为证。"王树柟从王引之而改正。俞樾以为:

"此当于'行之'绝句。《诰志篇》曰:'明,孟也。'《禹贡》'孟豬',《史记·夏本纪》作'明都',是'明'与'孟'声近而义通。《尔雅·释诂》:'孟,勉也。'故'士执仁与义而明行之',谓执仁与义而勉行之,此'明'字即读如'孟勉'之'孟'。《群书治要》作'执仁与义而不闻',此由不知'明'字之义而臆改之,不可从也。'未笃故也'二句,乃古人文法上下互见之妙,盖谓其莫之闻也,由于未笃之故,笃则胡为其莫之闻也,犹上文曰'天下无道故。若天下有道,则有司之所求也'。'天下无道'上亦有省文,言所以得免者,天下无道也。"其释"明"为"勉"过于迂曲。于鬯则断以"故士执仁与义而明行之,未笃故也,胡为其莫之闻也",曰:"'明行之者',谓必欲明示人以己执仁与义而行也,则必有惟恐人不知其执仁与义而行之意矣。以是执仁与义而行,其行仁义未笃也,故曰'士执仁与义而明行之,未笃故也'。苟笃行则不必明行,而人自无不知,故下文又曰'胡为其莫之闻也'。旧有读此'明'字为句,或改'明'字为'不闻'二字者,辨者已多,而如汪中《正误》既读正之字为句,尚质疑'明'字;阮元注释则云'持仁义之道,明行于世,岂终无闻? 若其无闻,行未笃也';俞荫甫太史《平议》又读'明'为'孟',训为'勉',皆误以'明'字为美辞,则与'未笃故也'句意不接,不得不迂回说之。殊不知君子慎独,所谓'人不知,苟吾自知',其于仁义必无明示人以己为执仁与义行者,以'明行'为不美之辞,则文义自顺矣。下文'胡为其莫之闻也'句上无'笃'字,古人省字之法如此,犹《劝学记》云'为善而不积乎,岂有不至哉','岂有'上省'积'字正同一例。"又说:"试不省字言之,则云'故士执仁与义而明,行之未笃故也;笃,胡为其莫之闻也?'"又可备一说。罗新慧此句断为"故士执仁与义而明行之,未笃故也,胡为其莫之闻也",认为"此处'明'不必改为他字，'明'与上句之'密'相对成义，指明确、光明正大"①，只是如此一来"故士执仁与义而明行之"与下文"未笃故也，胡为其莫之闻也"之间的衔接略显突兀。此处从王引之之论。

[11]"杀六畜不当，及亲，吾信之矣"：卢辩注："凡杀有时，礼也。"孔广森补注："不能爱物则不能仁民，不仁于民者，亦将不仁于亲也。"阮元注："杀畜不当其时，必将残忍为乱，祸及其亲。"又，王树枏引洪颐煊曰："及亲，当作'失亲'。《礼记·玉藻》：'君无故不杀牛，大夫无故不杀羊，士无故不杀犬豕。杀六畜不当其礼，则失亲爱之心。''失亲'、'失礼'对言之。""失亲"之"亲"指"亲爱之心"，而"及亲"者或如孔广森所言"不仁于亲"，或如阮元所言之"祸及亲人"。"及亲"与"失国"相对，应以阮注为上。

[12]"使民不时，失国，吾信之矣"：王聘珍曰："左氏昭八年《传》曰：'作事不时，怨讟动于民。'《孟子》曰：'桀纣之失天下也，失其民也。'信，任也，言自任其咎。"阮元注："不爱民而妨民事，必将烦役渎武，民心尽叛。"孔广森补注："皆以小及大。"王氏之外，诸家注未有及"信"字者，依王注，"吾信之矣"意为吾自任其咎，然失国非一般人所能造成，以"任"释"信"于此不通。按，"吾信之矣"当意为我相信会有这样的事情或结果。

[13]"蓬生麻中，不扶自直；白沙〈纱〉在泥〈涅〉，与之皆黑"：卢辩注："古说云，言扶化之者众。"阮元注："此勖弟子取多贤友也。蓬，蒿；麻，枲也。沙，水散石也。泥，涂泥。蓬性屈乱，故郭象曰：'蓬非直达者。'"孔广森补注："善恶无常，唯人所习。故《鲁诗·干

① 罗新慧：《曾子研究——附〈大戴礼记〉"曾子"十篇注释》，商务印书馆，2013年，第342页。

旄》传曰:'譬犹练丝,染之蓝则青,染之朱则赤也。'"王念孙曰:"沙,即今之'纱'字,非'泥沙'之'沙'也。泥,读为'涅','涅'谓黑色,亦非'泥沙'之'泥'也。《论衡·率性》篇曰:'白纱入缁,不练自黑。'今世有沙縠者,名出于此。素沙,即白沙。此言人性习于恶则恶,亦如白沙在涅中则与之皆黑也。此云'白沙在泥',《说苑·说丛》篇作'白沙入泥',《论衡》作'白纱入缁',故知'沙'为'纱'之借字也。《论语·阳货》篇'涅而不缁',孔注曰:'涅可以染皂。'《淮南·俶真》篇曰:'以涅染缁,则黑于涅。'《洪范》正义引《荀子》作'白沙在涅',犹《论衡》之言'白纱入涅'也。《史记·屈原传》'泥而不滓',索隐'泥音涅,滓音缁',即《论语》之'涅而不缁'。故知'泥'为'涅'之借字也。"王树枏亦同意王念孙之说。按,白沙入黑泥也不会变黑,纵使染黑,一洗就会变回原色,因此"沙"当为"纱"。

　　[14]"己先则援之,彼先则推之":王聘珍曰:"援,引也。"孔广森补注:"前者引后者,后者推前者。故曰:莫为之前,虽美不彰;莫为之后,虽盛不传。"

　　[15]"是故人非人不济,马非马不走,土非土不高,水非水不流":王聘珍曰:"济,成也。走,趋也。《管子》云:'海不辞水,故能成其大;山不辞土石,故能成其高。'"阮元注:"此言仁道也。仁者,人也,如人相人偶也。盖人非人不济,必相人偶,乃成仁道。故仁者,仁此者也。走,读如'来朝走马'之'走'。走,疾趋之也。"孔广森补注:"各从其类也。"

　　[16]"行则为人负":卢辩注:"分重合轻,班白不任,弟达于道路也。"汪中云:"'人负'之'人',疑当作'之'。"可备一说。

　　[17]"无席则寝其趾":卢辩注:"寝,犹止也。言裁自容也。"孔广森补注:"寝于尊者之席末,犹所云'坐于足'。"若依孔注则"无

席"不可通。阮元云:"坐用席,卧用袛。席有首尾,尊者易知。无席而欲寝尊者,则必安其趾于袛。《士昏礼》曰:'御袛于奥,北止。''止'同'趾',足也。古人之席有首尾,故《公食大夫礼》云:'莞席寻,卷自末。'故易知也。引《士昏礼》者,藉以明寝尊者之趾也。"

[18]"使之为夫人则否":卢辩注:"夫人,行无礼也。"王聘珍曰:"'为夫人'之'为',读曰伪。《广雅》云:'伪,欺也。'夫人,谓长者。"阮元以为"此'夫'字及下'夫杖'、'夫'字,皆'老'字形近之讹。……言当使之人,其年或老则止。"对于阮注,王树枬云:"老人非使之为者,文义未安,阙疑可也。"孙诒让认为:"此句义难通,卢注亦不可解。窃疑'人'当为'尸',篆文相近而误。《曲礼》云'为人子者祭祀不为尸',是其义也。'夫尸',犹上文云'夫材'。'夫',皆助语也。"其说改字为训,且过于牵强。俞樾则认为卢注未明:"《淮南子·本经》篇'夫人相乐',高注曰:'夫人,众人也。'《汉书·贾谊传》'夫将为我危',师古注曰:'夫,夫人也,亦犹彼人耳。'然则夫人者,外之之辞,盖言他人也。'为'字读如《论语》'为卫君乎'之'为',郑注曰:'为犹助也。''使之为夫人则否',言使之助他人则否也。此节本论君子为弟之道,此句即外御其侮之意。"俞说亦为有据,《经传释词》卷十:"《礼记·檀弓》曰:'夫由赐也见我。'文十三年《左传》曰:'请东人之能与夫二三有司言者。'夫,皆彼也。"《荀子·王制》"夫尧舜者一天下也"王先谦集解:"夫,犹彼也。"然训"彼人"为"外人"则过于牵强。此处从王说,"为"有"诈伪"之意,《礼记·月令》"毋或作为淫巧"郑玄注:"为,诈伪。"

[19]"近世无贾,在田无野,行无据旅":卢辩注:"'近世无贾',无廛邸也。'在田无野',田无庐也。'行无据旅',守直道,无所私。"训"贾"为"廛邸"可谓无据,卢注过于牵强。"行无据旅",孔

广森补注："据，安也。旅，逆旅也。言行无常舍。"阮元注："此皆言安老之义。老者虽近市，不贾卖；虽在田，不野宿。据旅，犹《周礼》'羁旅'，言老者虽行路，不羁据旅舍。"王聘珍谓："野读曰墅，《玉篇》、《广韵》并云'墅，田庐也。'行，道也。据，依也。旅，处也。言君子所在皆穷也。"王树枏则认为："此节卢注不了。阮注谓此言安老之义，亦不合。《说苑·说丛》篇曰：'善不可以伪来，恶不可以辞去。近市无贾，在田无野，善不逆旅，非仁义刚武，无以定天下。'据此，则三句盖古语，当另为一义，与安老之义无涉也。俞樾谓：'据旅，犹旅踞，《后汉书·马援传》"黠羌欲旅距"，李贤注："旅距，不从之貌。"亦或作"据旅"。据、距声近，《说文·酉部》"醵，或作配"，是其证也。'义亦未了。戴校本改'旅'为'依'，更非。"俞樾又曾在《古书疑义举例·不达古语而误解例》云："旅距，古语也。亦或作据旅。据与距声近。旅距、据旅，语有倒顺耳。凡双声叠韵之字往往如此。"然而"行无据旅"若训为"行无不从"则与前文"近世无贾，在田无野"难成对应。"据"与"倨"通，《吕氏春秋·怀宠》"据傲"毕沅新校正："据，朱本即作倨。"《札迻·论衡·死伪》篇"据身而扬声"孙诒让按："此文见《晏子春秋·谏上》篇，据，彼作倨，是也。""旅"即"众"之义，《周礼·地官·序官》"旅师"贾公彦疏："旅者，众也。"《诗·大雅·桑柔》"靡有旅力"孔颖达疏："旅训众也。"《国语·齐语》"政不旅旧"董增龄正义："旅当训众。""行无据旅"意为行而不倨傲于众。又，此处疑抄写有误，"行无据旅"与"近世无贾，在田无野"不相对称，或为"行旅无据"。

[20]"苟若此，则夫杖可因笃焉"：卢辩注："言行如此，则其所杖者皆可因厚焉。"以"杖"为"其所杖者"，只是未明确"所杖者"之所指。孔广森补注："因，亲也。"阮元注："以上皆申言'人非人不

济'之义，仁道也。安老如此，则凡老杖者，可因依笃厚矣。"即释
"杖"为"老杖者"，与卢注不同。王聘珍曰："杖，持也，谓持守也。
笃，固也。《论语》曰：'君子固穷。'"意可通，只是略显迂曲。汪中
则引朱筠案："'杖'乃'材'之讹。"此说得到俞樾的支持："卢注于义
未得。阮氏《曾子注释》谓此句及上文'使之为夫人则否'，两'夫'
字并'老'字之讹，尤为不安。此文'近世无贾，在田无野，行无据
旅，苟若此，则夫杖可因笃焉'，与上文各自成意，初不相蒙，安得谓
皆'老'字之讹乎？汪氏中《大戴正误》引朱氏筠说谓'杖'乃'材'之
讹，此说得之。《中庸》曰：'故天之生物，必因其材而笃焉。'曾子子
思并述孔门之绪论，故辞旨相近。上文'近世无贾'三句，卢注均失
其解。今按：'近世无贾'，言虽近市而无商贾之心也。'在田无
野'，言虽在田而无鄙野之态也。'行无据旅'，说已见前矣。人能
如此，其材之美可知。故曰'苟若此，则夫杖可因笃焉'，言可因而
笃之。"王树枏则指出："此文有误。阮谓'夫'当为'老'，朱筠谓
'杖'乃'材'之讹，皆不似。"罗新慧认同阮注，认为："此句仍承上句
'君子之为弟也'而申论，言恪守弟道者要使年长者即使居处近于
市廛，也不去贾卖，而要由恪守弟道者代劳；要让年长者即使在田
地劳作，也能归家居宿而不露宿野外，要使年长者不外出远行而为
羁旅。如果能够做到这些，年老扶杖者便可以有所凭借而民风淳
厚了。"①然而年老者尚需年少者之风化于理不通。各方均难有完
美之解释，此处权从朱筠之意。

[21]"富以苟，不如贫以誉；生以辱，不如死以荣"：卢辩注：

---

① 罗新慧：《曾子研究——附〈大戴礼记〉"曾子"十篇注释》，商务印书馆，2013 年，
第 346 页。

"贫则常也，义不可无。见危致命，死之荣也。"阮元注："富而苟且无礼，不若安贫有令誉。"王聘珍谓："《匡谬正俗》云：'苟者，偷合之称。所以行无廉隅，不存德义，谓之苟且。'誉，声美也。辱，污也。荣，光明也。""以"当释为"而"，《经传释词》卷一："以，犹而也。"《读书杂志·荀子第六·礼论》"至文以有别，至察以有说"王念孙按、《经义述闻·易·大过》"过以相与也"王引之按及《群经平议·春秋繁露二》"安所加以不在"俞樾按亦如是。

[22]"辱可避，避之而已矣；及其不可避也，君子视死若归"：卢辩注："不苟免也。"孔广森补注："董仲舒说《春秋》齐顷公不死于位，以曾子此义责之。"阮元注："可避而不避，是殉名也；不可避而死，君子之荣也。曾子慎言远害，务全其身。然当大节大义，则毅然视死如归。百世后忠臣孝子之防，皆立于此。故曰：'可以托六尺之孤，可以寄百里之命，临大节而不可夺也。君子人与？君子人也。'又曰：'士不可以不弘毅，任重而道远。仁以为己任，不亦重乎？死而后已，不亦远乎？'"

[23]"父母之仇，不与同生；兄弟之仇，不与聚国；朋友之仇，不与聚乡；族人之仇，不与聚邻"：卢辩认为"父母之仇，不与同生"与《曲礼》"父之仇，弗与同戴天"相同；"兄弟之仇，不与聚国"与《檀弓》"昆弟之仇，仕不与共国。其从父兄弟，则不为魁也"略有差异；"朋友之仇，不与聚乡"与《曲礼》"朋友之仇不同国"不同，显然《曲礼》"失厚矣"。阮元注："仇，谓被人有意辱杀者。"并释曰："居仇之说，《檀弓》、《曲礼》、《周礼·地官·调人》及此曾子所言互有异同。然《周礼》、孔子、曾子之言，三者同义，惟《曲礼》错出，不可从。此注所引，即《檀弓》孔子答子夏之言，与《曾子》合。案，《周礼·调人》曰：'凡过而杀伤人，以民成之。凡和难，父之仇，辟诸海外。兄

弟之仇,辟诸千里之外。从父兄弟之仇,不同国。君之仇,眠父。师长之仇,眠兄弟。主友之仇,视从父兄弟。'《周礼》此节专言过杀,非本意杀,故调人得以使之远避,平成之,与孔、曾所言有意辱杀之仇不同。"

[24]"良贾深藏如虚,君子有盛教如无":卢辩注:"言珍宝深藏若虚,君子怀德若愚也。"阮元注:"良贾不自衒其货,君子不自矜其学,非有意匿之也。故曾子曰:'有若无,实若虚。昔者吾友尝从事于斯矣。'"并释曰:"此自是古语,而曾子述之。《史记·老子列传》老子曰:'吾闻之,良贾深藏若虚,君子有盛教,容貌若愚。'同是此言,而有意晦藏之。此老、庄之学所以大异于孔、曾也。"孙诒让则引孙校云"盛教,当作'盛德'",并据《史记·老子列传》"君子有盛教,容貌若愚"案曰:"此与彼同,则不必改作'盛德',孙校非是。"此处"盛教"当作"盛德"。

曾子说:"所谓人的品行,是就他践行礼的情况来说的。行礼,就是要尊敬有地位的人、孝敬长辈、慈爱幼童、友爱年少者、施惠于地位卑下之人。这种礼,践行它就会有良好的品行;置之于天下,那就是义(也就是万物及人之言行的尺度)。如今所谓的有德行的人,却冒犯尊贵者与长者、危害幼少与卑贱者,强横霸道无所不为。也就是因为天下无道,他们才能如此肆意妄为;假如天下有道,那么他们就会是官吏惩治的对象。"

因此君子不以那些特立独行而沽名钓誉的人为贵,而是以那些有羞耻感的人为贵。那些由富贵而发念追求"道"的人,一旦境遇变迁而沦于贫贱,我担心他会困惑迷失;那些由贫贱而发念追求

"道"的人，一旦转致富贵，我担心他会骄傲无礼。那些有羞耻感的士人，富贵时不去追求"道"会觉得很羞耻，贫穷时不追求"道"也会觉得很羞耻。弟子们，不要抱怨"别人都不了解我"。普通的男女在墙角处交谈，可以说是相当隐秘了，可是第二天就会有人传播他们当时说的话。因此君子如果践行仁义而名声不闻，那是因为还不够坚定执著，否则怎么会不为人所知呢？在不适当的时节宰杀牲畜，这样不遵守礼制的行为会累及亲人，我相信会有这样的影响；不在适当的时节役使百姓，最终会导致百姓背离而失国，我相信会有这样的事。

蓬生在麻中，不用架扶自然就会直着生长；白纱染上黑色自然也会变黑。因此人与人之相处共事，就像行舟和驾车一样，需要相互帮助才能顺利抵达，自己领先的时候就牵引一下后者，落于人后就助推一把前者。因此，人若得不到别人的帮助就不会成功，马若没有别的马配合就无法疾驰，土如果没有别的土来堆积就不会增高，水如果没有别的水来推动就无法流动。

君子要遵循为弟之道，行路时要帮长者负重，尊者睡而无席时要安其趾于袥上，不要受人支使而去诈伪他人。虽近市场而无商贾之心，虽在野外而无鄙薄之态，虽己身能而不倨傲于众，能够做到这些，可以说是已经拥有良好的资质而能够更为笃实了。

富贵但需苟且不如贫穷却有好名声，活着但要忍受屈辱还不如死而赢得尊崇。如果屈辱可以躲避开，那就躲开它；如果避无可避，君子就会视死如归、勇于承受。父母的仇敌，要与之不共戴天、无法共存；兄弟的仇敌，不能与他生活在同一个国家；朋友的仇敌，不能与他生活在同一个乡邑；族人的仇敌，不与他为邻。好的商人会将珍宝深藏起来，就像没有一样；君子有美好的德性却像没有一样,不以之炫耀于人。

弟子问于曾子曰:"夫士何如则可以为达矣?"[1]曾子曰:"不能则学,疑则问,欲行则比贤,虽有险道,循行达矣[2]。今之弟子,病下人,不知事贤,耻不知而又不问[3],欲作则其知不足[4],是以惑暗,惑暗终其世而已矣,是谓穷民也[5]。"

[1]"何如则可以为达矣":王聘珍曰:"达,谓行无不通。"阮元注:"达,通也,通于学也。"则所谓"达"可指人生之显达,也可指学问之通达。观诸下文,阮注为上。

[2]"欲行则比贤,虽有险道,循行达矣":孔广森补注:"比,亲也。道虽险而循其常,无弗达者。"王聘珍曰:"比,谓比方。险道者,倾危难测之道。循,顺也。"阮元注:"比贤,如见贤思齐焉。险道,难通之道。君子之学,难者弗辟也。率行既久,乃渐通达,无一旦通彻之效。"并释曰:"循,若'循墙而走'、'循山而南'。盖积步成里,积里成百,始能渐次及远,故颜子曰:'夫子循循然善诱人,博我以文,约我以礼。'此亦谓次第渐进。故圣门教学,与年渐进,非积学多年,而悟彻在一旦也。《群书治要》'循'作'修',字误义短,今不从。"王树枏也认为《群书治要》乃误。按,如王聘珍所注,"循"有"顺"意,《逸周书·武纪》"循山川之险而固之"朱右曾《逸周书集训校释》、《庄子·大宗师》"以德为循"成玄英疏、《淮南子·俶真训》

"可切循把握而有数量"高诱注、《汉书·礼乐志》"咸循厥绪"颜师古注等均作是解。然阮元、王树枏等以《群书治要》作"修"为误亦过于武断。《尔雅·释诂上》"遹，循也"郝懿行正义："循，又通作修，修、循一声之转也。"《庄子·大宗师》"以德为循"陆德明释文："循作修。"《荀子·荣辱》"循法则度量"王先谦集解引卢文弨曰："循，元刻作修。"《易经异文释》卷六："循、修二字本相类，古多互用，义亦并通。"两者皆可通，不过训"顺"更为通畅。

[3]"今之弟子，病下人，不知事贤，耻不知而又不问"：卢辩注："好责于人而不知自反也。"其意以"病下人"为"责于人"。王聘珍曰："下人，谓下于人也。《论语》曰：'虑以下人。'"孔广森补注："病，病之。下人，下于人也。子张问达，子曰：'虑以下人。'"即耻于不如人。今从孔注。

[4]"欲作则其知不足"：王聘珍曰："作，为也。"阮元注："臧镛堂云：'知不足而欲作，孔子所谓"不知而作"也。孔、曾之学贵博。多闻，择善而从之，多见而识之，则知足矣。'"《说文·人部》："作，起也。"《诗·秦风·无衣》"与子偕作"毛传、《尚书·说命下》"昔先王保衡作我先王"孔安国传、《易·离·象传》"明两离离"郑玄注等均如之。《孟子·告子下》"而后作"朱熹集注："作，奋起也。""欲作"意为欲有所作为。

[5]"是以惑暗，惑暗终其世而已矣，是谓穷民"：王聘珍曰："惑，迷也。暗，冥也。惑暗，谓迷于不明之处。穷，困也。《论语》曰：'困而不学，民斯为下矣。'"《群书治要》则不重"惑暗"二字。孔广森补注："重言'惑暗'，甚之也。"

弟子向曾子请教道:"士要如何才可以做到学问通达呢?"曾子说:"不会的就要虚心向学,有疑之处就要向别人请教,言行举止要向贤者看齐,其中或有艰难之处,但只要顺着前人的路子走最终肯定能达成所愿。今天这些求学的弟子,苦于不如别人却不知向贤人学习,以不知为耻却又不肯虚心请教,即便想要付诸行动却又智慧不足,因此总是处于迷茫困惑的状态,如果一生总是如此,那就是所说的穷民了。"

曾子门弟子或将之晋,曰:"吾无知焉。"曾子曰:"何必然!往矣。有知焉谓之友,无知焉谓之主[1]。且夫君子执仁立志,先行后言[2],千里之外,皆为兄弟。苟是之不为,则虽汝亲,庸孰能亲汝乎[3]!"

注

[1] "有知焉谓之友,无知焉谓之主":卢辩注:"'有知焉谓之友',曰友之也。'无知焉谓之主',且客之而已。"孔广森补注:"若'主颜雠由'之'主'。"《经义述闻·周礼·主友》:"主、友,盖皆交游之属。"《群经平议·周官一》"六曰主以利得民"俞樾按:"主也、友也,皆人所因依者也。"

[2] "执仁立志,先行后言":王树枏补注:"《太平御览》四百十九《人事部》引无'立'字、'为'字,句末有'也'字。《说苑》孔子曰:'效其行,修其礼,千里之外,视如兄弟。'""执仁立志"与"先行后

言"正好相对,故不从《太平御览》。

　　[3]"苟是之不为,则虽汝亲,庸孰能亲汝乎":卢辩注:"庸,用也。孰,谁也。"王聘珍曰:"不为,不修也。汝亲,谓亲近之人。亲汝,谓爱汝也。"孔广森补注:"与答子张问行同意。"对于"庸孰",王念孙不同意卢辩"庸,用也。孰,谁也"之注:"用谁之语不辞。余谓'庸孰',皆'何也',言何能亲汝也。既言'庸'而又言'孰'者,古人自有复语耳。说见《释词》'庸'字下。"

　　曾子的学生将要到晋国去,对曾子说:"在晋国我没有什么知己朋友。"曾子说:"何必一定要如此呢?只要去就是了。如果有了解你的人,那就是友;如果不了解你的,那就是主(也就是依靠)。况且君子如果执守仁德且意志坚定,先做后说,那么千里之外的人都会是如兄弟一般的知己;如果不这样做,那么即便是你的亲戚,又如何能让他们亲近于你呢?"

曾子制言中

曾子曰："君子进则能达,退则能静[1]。岂贵其能达哉?贵其有功也;岂贵其能静哉?贵其能守也[2]。夫唯进之何功,退之何守,是故君子进退有二观焉[3]。故君子进则能益上之誉,而损下之忧[4];不得志,不安贵位,不怀厚禄。负耜而行道,冻饿而守仁,则君子之义也[5]。其功守之义,有知之,则愿也;莫之知,苟吾自知也[6]。"

注

[1]"君子进则能达,退则能静":王聘珍曰:"进,仕也。达,通也。退,避位。静,安也。"阮元注:"能,读若耐。无矜满惰佚之心,故耐贤达;无浮慕躁忿之志,故耐宁静。"并释曰:"《说文》'能'训'兽坚中,故称贤能'。经籍中又多以'耐'为'能'者,'耐'为'能'假借字。耐事,即能事。其义相同,其音略转耳。"《吕氏春秋·审时》"得时者忍饥"高诱注:"忍犹能也。能,耐也。"《汉书·食货志》"能风与旱"颜师古注:"能,读曰耐也。"《荀子·正名》"能有所合,谓之能"杨倞注:"能,当为耐,古字通也。"阮注于兹义长,故从之。

[2]"岂贵其能达哉？贵其有功也。岂贵其能静哉？贵其能守也"：王聘珍曰："国功曰功。持不惑曰守。《论语》曰：'守死善道。'"

[3]"夫唯进之何功，退之何守，是故君子进退有二观焉"：卢辩注："'夫唯进之何功，退之何守'，问君子进退其功守何如。'是故君子进退有二观焉'，言有二等可观。"于鬯案："两'何'字盖读为'可'，'何'谐'可'声，故字多通用。左襄十年《传》'则何谓正矣'、昭七年《传》'嗣吉何建'、八年《传》'若何吊也'，陆释并云：'何，本或作可。'此承上文'贵其有功'、'贵其能守'而言，故曰'夫唯进之可功，退之可守'，谓进之可以有功，退之可以能守也，故下文曰'是故君子进退有二观焉'，文义甚晓。而卢注云：'问君子进退，其功守何如'，则误以'何'字为问辞，与'唯'字语意既不协，而下文作答语。亦岂有用'是故'二字发首乎？卢注辄多强说。独怪孔、阮诸家承用之，竟无一能为订正者。凡承言'唯'、伸言'故'，语辞之恒例，从无以为问答之辞者。即就下文云'舜唯仁得之也，是故君子将说富贵必勉于仁也'，岂亦可以'舜唯'句为问辞、'是故'句作答语乎？"案："夫唯"可作句首语气词，不必训"何"为"可"亦可通。

[4]"故君子进则能益上之誉，而损下之忧"：卢辩注："谓其功也。"王聘珍曰："誉，乐也。损，减也。能安上而全下也。"阮元注："忠实匡助，归美于君，益上之誉也；兴利除弊，教养及民，损下之忧也。"

[5]"不得志，不安贵位，不怀厚禄，负耜而行道，冻饿而守仁，则君子之义也"：卢辩注："其功守之义。""不怀厚禄"或作"不博厚禄"，汪喜孙案："宋本作'博'，元本亦作'博'。卢本作'怀'，戴校聚

珍本作'怀',孔本亦作'怀',皆据《永乐大典》也。谨案:《文选》杨子幼《报孙会宗书》注引此正作'怀',阮本亦作'怀'。"王聘珍亦作"博",曰:"不得志,言君不知己志。安,处也。博,捃取也。耜,臿也,农田器。道,路也。""怀"可训为"安",《尚书·秦誓》"邦之荣怀"蔡沈集传、《诗·邶风·忠风》"愿言则怀"郑玄笺、《逸周书·成开》"家怀思终"朱右曾《逸周书集训校释》、《国语·晋语二》"怀之以典言"韦昭注、《论语·里仁》"君子怀德"何晏集解引孔安国曰、《吕氏春秋·诬徒》"怀于俗"高诱注及《后汉书·明帝纪》"怀柔百神"李贤注等均谓:"怀,安也。""怀"又可训为"眷念",《诗·大雅·皇矣》"予怀明德"朱熹集传:"怀,眷念也。""博"通"搏",《说文·十部》朱骏声《说文通训定声》:"公羊庄十二年《传》'与闵公博',又为搏。","搏"者"取"也,《左传·庄公十一年》"公右歂孙生搏之"杜预注、《淮南子·说山》"虽贪者不搏"高诱注谓:"搏,取也。"《史记·李斯列传》"盗跖不搏"司马贞索隐:"搏,犹攫也,取也。"两说皆可通,然参之"不安贵位",所指无疑是在位者、有禄者,此处作"怀"无疑更为恰当。

[6]"其功守之义,有知之,则愿也;莫之知,苟吾自知也":王聘珍曰:"《尔雅》曰:'愿,思也。'言思其终也,思其复也。《说文》云:'苟,自急敕也。'"阮元注:"不自张其功守之义。"孔注、阮注及汪中注皆以为"其功守之义"为注而误入正文也。

君子若出仕就能够贤达而无矜满惰佚之心,若退位归隐则能宁静而无浮慕躁怨之志。出仕所重视的哪是自身的显达啊?重要的是借此而有所建功。退隐时所重视又哪是自身的淡泊宁静啊?

重要的是坚持自己的操守。出仕时追求的是哪种功业？退隐时坚守的是什么操守？因而君子的进、退有两种不同的态度与取舍。君子进取入仕就能增进君主的荣誉、减少下级与百姓的忧虑。如果不能实现自己的抱负，君子就不会安处于显贵的职位，不会眷念丰厚的俸禄，而是在背负耒耜去耕种中践行道、在冻饿中坚守仁德，这就是君子的"义"。君子之"义"如果为众人所知，那正合自己所愿；如果别人不知道，则只要我自己知道就行了。

吾不仁其人，虽独也，吾弗亲也[1]。故君子不假贵而取宠，不比誉而取食[2]，直行而取礼[3]，比说而取友[4]。有说我，则愿也；莫我说，苟吾自说也[5]。

[1]"吾不仁其人，虽独也，吾弗亲也"：卢辩注："人而不仁，不足友也。故周公曰：'不如我者，吾不与处，损我者也；与我等，吾不与处，无益我者也；吾所与处者，必贤于我。'"汪中以为："'人而不仁'二句是注，'故周公曰'以下是正文。"阮元注："知其人之不仁，己虽无友，亦不近之。"且阮氏亦以"故周公曰"及以下数句为正文并释曰："各本皆以此三十七字，合前注'人而不仁，不足友也'八字，共四十五字，解为'吾弗亲也'下卢氏注文，学者久已疑其不类矣。汪容甫疑'周公曰'以下皆是正文，是也。然无确据，故人罕从之。元案：《吕氏春秋·观世》篇云：'周公旦曰："不如我者，吾不与处，累我者也；与我齐者，吾不与处，无益我者也。惟贤者必与贤于

己者处。'"据此可知此三十七字为正文无疑矣。《吕览》之文,多有从《曾子》窃去略加改易者。以此相较,明《吕》改《曾子》正文也。《吕览》此节与'虽独弗亲'不甚近切,卢不应引之。即引之,亦断不能改易如此之多,又可知非卢袭《吕》,其非卢注文明矣。故今归之正文。"可备一说。

[2]"不假贵而取宠,不比誉而取食":卢辩注:"不因人之贵苟求宠爱也,不校名誉以求禄也。"孔广森补注:"比,附也。盗附虚声以干禄也。"阮元注:"假借贵要,取宠于君。比,亲合也。互相称誉以干禄。""贵"与"誉"相对,"假"与"比"相对,"假贵"即"假于贵",因而"比誉"当作"比于誉",就此而言,孔注较胜。

[3]"直行而取礼":卢辩注:"行正则见礼也。"

[4]"比说而取友":卢辩注:"言修己以事人。"王聘珍曰:"左氏昭二十八年《传》曰:'择善而从之曰比。'高注《国策》、《吕览》并云'说,敬也'。《论语》曰:'善与人交,久而敬之。'"阮元注:"志同道合,乃相亲合而说。孔子曰:'有朋自远方来,不亦乐乎?'"汪喜孙案:"'比说'二字,先君以墨识之。盖别有考证,未书于策,今不可得而详矣。"可见汪中对此句或有疑义。俞樾按:"'比说'二字义不可晓,疑'比说'乃'宛言'二字之误,句上又夺'不'字。'直行而取礼,不宛言而取友'二句反覆相明。下文曰'是以君子直言直行,不宛言而取富,不屈行而取位'是其证也。'直行而取礼',则'直言'可知矣;'不宛言而取友',则'不屈行'可知矣,其义盖互见也。'宛'字下半与'比'相似,又涉上文'不比誉'而误作'比'。'言'字即'说'字左旁,又涉下文'有说我'而误作'说'。学者又不知此两句反覆相明,遂删去'不'字,非《大戴》之旧矣。"愚按:"直行而取礼"与"不宛言而取友"不相对仗,俞说难从。于鬯则认为:"此'比'

字疑'北'字之误。《说文·比部》云：'二人为从，反从为比。'《北部》云：'北从二人相背。'是'北'、'比'皆从二人，惟一背一不背。字形甚近，故易致讹。《逸周书·武顺》篇'貌而无比，比则不顺'王念孙《读书杂志》引之并案云'比当为北字之误。'《史记·天官书》'隋北端兑'、司马索隐引《汉书·天文志》'北作比'，并其例矣。《国语·吴语》韦解云：'北，古背字是也。'然则'北说'者谓二人之言相违背也，与'比说'之义正相反。上文云'不比誉而取食'，则焉有'比说而取友'乎？'背说而取友'与上句'直行而取礼'相类。礼文曲而不直者也，君子则直行而取之；朋友合而不背者也，君子则背说而取之。凡以见君子之义也。下文云'是以君子直言直行，不宛言而取富，不屈行而取位'，'背说'者即'直言'之谓，即'不宛言'之谓，犹'直行'者即'不屈行'之谓。《论语·子路》篇云'君子和而不同'，'背说'亦即'不同'之谓。若'比说'则是小人之'同而不和'矣。此或由后人不知'北'即'背'，以'北说'为无义，因改'北'为'比'，未可知也。""直行"显然非常行，"比说"也应非常态，故于注颇有其理，只是惜于无坚实之依据，故不从。按，"说"即"悦"，"比"者"亲比"也。

[5]"有说我，则愿也；莫我说，苟吾自说也"：卢辩注："说，读为悦字。"王聘珍注："《尔雅》曰：'说，服也，乐也。'自说者，《孟子》曰：'君子有三乐，而王天下不与存焉。'"阮元注："说，同'悦'。"

对于我判断为"不仁"之人，即便孤独无亲，我也不和他亲近。因此君子不假借权贵的力量而博得尊荣，也不沽名钓誉以求取俸禄。君子通过直道的践行来得到别人的礼待，通过彼此的欣悦来获得友情。有人喜欢我,那正合我的心望;如果没人喜欢我,那我只要自己快乐就好了。

　　故君子无悃悃于贫,无勿勿于贱,无惮惮于不闻[1],布衣不完,疏食不饱,蓬户穴牖,日孜孜上仁[2];知我,吾无欣欣;不知我,吾无悃悃[3]。是以君子直言直行,不宛言而取富,不屈行而取位[4]。畏之见逐,智之见杀,固不难。诎身而为不仁,宛言而为不智,则君子弗为也[5]。君子虽言不受,必忠,曰道;虽行不受,必忠,曰仁;虽谏不受,必忠,曰智[6]。天下无道,循道而行,衡涂而偾,手足不掩,四支不被[7]。则此非士之罪也,有士者之羞也[8]。

注

　　[1] "无悃悃于贫,无勿勿于贱,无惮惮于不闻":卢辩注:"惮惮,忧惶也。""勿勿",戴校本改为"忽忽",阮元注:"悃悃,不舒之貌。勿勿,趣于贱而遽也。惮惮,劳心也。"并释曰:"'悃'训本《一切经音义》因《仓颉篇》。《说文》曰:'勿,州里所建旗,所以趣民,故遽称勿勿。''勿勿'有'黾勉'之义。黾勉者必趣遽,义相成也。戴校'勿勿'为'忽忽',非是。'惮'义见《立事》篇。"王树枏则曰:"勿勿,读为'忽忽',说见《曾子立事》篇。"按,《说文·勿部》云:"勿,州里所建旗。象其柄,有三游。杂帛,幅半异。所以趣民,故遽称勿勿。"《玉篇·勿部》亦云:"勿,旗也。"然转训为"黾勉"之义则语意

不通。"忽忽",《经义述闻·大戴礼上·守此勿勿》"《晏子春秋》外篇曰'忽忽矣,若之何;惙惙矣,若之何'"王引之按:"忽忽,惙惙,皆忧也。"《广雅·释训》"喝喝,忧也"王念孙疏证:"忽忽,与喝喝同。"因此"忽忽"即"忧"也。

[2]"布衣不完,疏食不饱,蓬户穴牖,日孜孜上仁":王聘珍谓:"疏食,菜食也。蓬户,以蓬为户也。穴牖,凿土室为窗也。孜孜,不怠之意。上仁,尊仁也。"阮元注:"疏,粗也,谓粝米也。孜孜,勤也。"并释曰:"疏,孔本作'蔬',非是。'孜',旧校本云:'一作"孳"。''疏'义本《诗·大雅》'彼疏斯粺'郑笺。"孔广森补注:"上,尚也。"

[3]"知我,吾无欣欣;不知我,吾无悒悒":王聘珍注:"欣欣,喜也。"《说文·言部》、《玉篇·言部》、《广韵·欣韵》、《集韵·止韵》均训:"欣,喜也。""悒悒",《说文·心部》:"悒,不安也。"阮元前文注为"不舒之貌",在《曾子立事》篇则注为"不安"。

[4]"君子直言直行,不宛言而取富,不屈行而取位":孔广森补注:"宛,曲也。"《说文·宀部》、《玉篇·宀部》、《广韵·元韵》、《集韵·元韵》均以"宛"之本义为"屈草自覆也",《汉书·扬雄传下》"是以欲谈者宛舌而固声"颜师古注:"宛,屈也。"

[5]"畏之见逐,智之见杀,固不难;诎身而为不仁,宛言而为不智,则君子弗为也":卢辩改"畏"为"仁"并注曰:"小人在朝,多逐害于仁智者。君子之人,不枉言行而怀其禄也。"汪中曰:"上'仁'字,卢刻作'畏'。念孙案:'"固不难"三字,与上下不属,当有脱误。'中案:此'畏'当是'仁'字,以形讹'位',又以声讹'畏'。言无道之世,仁智不容于人,君子非不能枉道以苟免,但有所不为耳。喜孙案:戴校聚珍本作'仁',云各本讹作'畏',今从方本。孔本亦

作'仁'。先君此校与戴、孔暗合。谨案,卢氏注云:'小人在朝,多逐害于仁智者。君子之人,不枉言行而怀其禄也。'则卢所据本正作'仁之见逐'无疑。""固不难",王念孙曰:"'难'读为'患难'之'难','不难'者,不患也,言仁之见逐,智之见杀,固非君子之所患。若反是而为不仁之事,出不智之言,则君子弗为也。卢说'不难'二字未了。《晋语》曰:'爱粪土以毁三常,失位而阙聚,是之不难,无乃不可乎?'言是之不患也。"王树枏则案:"难,读为'难易'之'难'。言仁见逐,智见杀,为之不以为难也。汪本载念孙初说,云'"固不难"三字有脱误',非是。"王聘珍曰:"畏,敬也。《尔雅》曰:'逐,病也。'见逐,谓人疾害之也。敬以安身而反见逐,智以保身而反见杀,皆非其罪也。难,患也。不难者,谓非其罪,君子不以为患也。"阮元则以"畏"为"恶":"言行见恶于君,故逐。言君子立朝事君,当正直不阿,与平居谨身慎言不同。此曾子之学。"阮氏进而释曰:"汪容甫云此'畏'乃'仁'之讹,孔检讨又直改正文为'仁',因下有'仁'、'智'两节也。元谓此不必改。'畏'之为'恶'声转义近,故《说文》、《广雅》皆曰:'畏,恶也。''恶'义正兼下'不受言行'二节为言,且承上'直言直行'为言。""畏"可训为"恶",《诗·大雅·云汉》"黾勉畏去"马瑞辰传笺通释:"畏,恶也。"《说文·甶部》、《广雅·释诂三》、《玉篇·甶部》亦作如是解。然训为"恶"与下文"智之见杀"不相对应,故不从。"仁之见逐,智之见杀"只是言坚持仁智客观上的不利遭遇,若"难"为"难易"之"难",其表述应为"见逐犹为仁,见杀犹为智"。若读为"患难"之"难"而训为"患",则其多为名词,如《资治通鉴·周纪一》"晋国有难"胡三省注:"难,患也,厄也。"以之为动词则多为王氏父子所持,余则未见。案,"难"亦作"病",《广雅·释诂三》"病,难也"王念孙疏证:"僖十年《左传》'为子君者,不亦难乎',《公羊传》作'不亦病乎'。"此为一解,可备参考。又,"君子固穷"之"固","固"为"不移易"之义,言君子在穷困时犹能坚守,《荀子·儒效》云:"万物莫足以倾之之谓固。"《荀子·礼论》又云:"礼之中焉能勿易,谓之能固。"《易·系辞下》"恒,德之固也"韩康伯注:"固,不倾移也。""仁之见逐,智之见杀,固不难"意为即便"仁之见逐,智之见杀",但对于君子而言,持守本心亦不为难。或可作参考。

[6]"君子虽言不受,必忠,曰道;虽行不受,必忠,曰仁;虽谏不受,必忠,曰智":卢辩注:"谓发施言行于君之前,实善而君不纳,然犹忠诚勉行,可谓仁道也。"王聘珍曰:"《荀子·臣道》云:'逆命而利君谓之忠。'道,言之理也。仁,亲也,谓仁恩相亲偶也。智,知也,独知事理,不惑利害也。"阮元注:"君虽不受,臣必尽忠,乃所以为道、仁、智。"

[7]"天下无道,循道而行,衡涂而偾,手足不掩,四支不被":卢辩注:"衡,横也。偾,僵也。手足即四支,说者申殷勤耳。《诗》云:'行有死人,尚或墐之。'"王聘珍曰:"循,从也。《孟子》曰:'天下无道,以身殉道。'……涂,路也。被,覆也。言其死于道路也。"汪中注:"戴云:'《诗》云:"行有死人,尚或墐之。"此十字亦注文,故不注《诗》之几章。正文语势亦显然,不可引《诗》横隔。'"汪喜孙案:"戴说见《戴氏文集·再与卢侍讲书》。聚珍本、孔本并以此二十一字为注文。卢刻则以上十一字为注,下十字为正文。谨案:宋本、元本并以上十一字为正文,其误显然。卢校订定上十一字为注,则此十字乃订定之未尽者耳。戴说可据。《说苑·说丛》篇所载尤为明证。"阮元则认为:"戴校本、孔本并谓《诗》词十字亦注文,则非也。今从戴校,以'《诗》云:"行有死人,尚或墐之。"'为注。

[8]"则此非士之罪也,有士者之羞也":孔广森补注:"有士不用,则君之耻。"阮元注:"元谓士见逐于君,穷死道路,必有为之路冢者,此非士罪,乃有士者之耻。此勖士之勿以直言直行为悔,所谓'生以辱,不如死以荣'。……'有士',戴本改作'有土',亦非。"王引之曰:"戴先生校本改'有士者'为'有土者'。孔本仍作'有士者',释曰:'有士不用,则君之耻。'家大人曰:'有士者,犹言有国者。《史记·孔子世家》曰:"夫道之不修也,是吾丑也。夫道既已大修而不用,是有国者之丑也。"'又自序曰:'且士贤能而不用,有国者之耻。《盐铁论·论国病》篇曰:"国有贤士而不用,非士之过,有国者之耻。"意并与此同。'又,《说苑·说丛》篇'横道而偃,四支不掩,非士之过,有土者之羞也',此正用曾子语。今本'土'作'士'者,涉上句'士'字而误耳。"案,古书少见"有士者"之称,然"有士者"亦可通,故从本字。

君子不郁郁于穷困,不忧虑于贫贱,不担心自己不为人所知。即便生活困难,粗布衣服不能蔽体,连粗粝的食物都吃不饱,居住的条件也十分简陋,用蓬草编成门户,挖洞作为窗户,却依然每日不知疲倦地崇尚仁德。别人知道我,我不会特别高兴;别人不知道我,我也不会忧愁不安。所以君子坚持正直的言论和行为,不以花言巧语来博取富贵,不会委曲行事以谋求官位。坚持仁德反被排斥驱逐,聪明睿智却横遭杀戮,(即便这样)依然坚守而不移易,对君子而言这并不难。委曲求全而放弃仁德、巧言令色而说不智之语,那君子是不会做的。一个君子,即便说话不为君主所接受,必仍忠心不改,这叫做"道";虽然行为不被君主所认可,必仍忠心如故,这叫做"仁";即便进谏而不为君主所采纳,必仍忠心不变,这叫做"智"。在无道之世,依然遵循正道去行事,(便会见逐见害,以致于)横倒而僵死于路途之上,手脚没有掩蔽,四肢裸露于外,然而这并不是士的罪过,而是那些有机会重用士的君主的耻辱。

是故君子以仁为尊。天下之为富,何为富? 则仁为富也。天下之为贵,何为贵? 则仁为贵也[1]。昔者,舜匹夫也,土地之厚,则得而有之;人徒之众,则得而使之;舜唯以仁得之也[2]。是故君子将说富贵,必勉于仁也[3]。昔者,伯夷、叔齐(,仁者也,)死于沟浍之间,其仁成名于天下[4]。夫二子者,居河济之间,非有土地之厚,货粟之富也;言为文章、行为表缀于天下[5]。是故君子思仁义,昼则忘食,夜则忘寐,日旦就业,夕而自省,以役〈殁〉其身[6],亦可谓守业矣。

注

[1] "是故君子以仁为尊。天下之为富,何为富? 则仁为富也。天下之为贵,何为贵? 则仁为贵也":汪中案:"'是故'二字衍。"汪喜孙案:"各本皆有'是故'二字。先君校去,不识所据何本。"阮元注:"《孟子》曰:'夫仁,天之尊爵也。'尊爵,兼下'富贵'为言。曾子曰:'晋楚之富,不可及也。彼以其富,我以吾仁。'"并释曰:"旧校云:'一作"君子天下之为仁,则以仁为尊也;天下之为富,则以仁为富也;天下之为贵,则以仁为贵也。"'"王聘珍曰:"'天下

为富’,谓富有四海之内也。‘天下为贵’,谓贵为天子也。"若依王聘珍之意,则"天下之为富"与下文"何为富"语意不协也。另,"为"者"求取"或"谋求"之意,《逸周书·周祝》"欲彼天下是生为"朱右曾《逸周书集训校释》:"为,取也。"《诸子平议·庄子一》"指穷于为薪"俞樾按:"《广雅·释诂》:‘取,为也。’然则‘为’亦犹‘取’也。"《战国策·东周策》"徐为之东"鲍彪注:"为,犹谋也。""天下之为富"、"天下之为贵"意为天下人均在谋求富贵。

[2]"舜唯以仁得之也":他本或作"舜唯仁得之也",或作"舜唯以得之也",王引之曰:"‘舜唯以得之也’,永乐大典本作‘舜唯仁得之也’。家大人曰:‘当作"舜唯以仁得之也"。’上文曰‘君子以仁为尊’,下文曰‘是故君子将说富贵,必勉于仁也’,并与此‘仁’字相应。若无‘仁’字,则文不成义,且与上下文不相应矣。或曰:‘古人辞质,此承上文"以仁为尊",则"仁"字可省。’此曲为之说而终不可通。"王树枏注:"各本‘唯仁’作‘唯以’,马本作‘唯以仁得之也’。汪校曰:‘"以"下当有"仁"字,以上文校得之。’王念孙说同。今从马本。马宗梿曰:‘以,用也。用仁得之也。古人辞质,此句承上文"以仁为尊",则"以"不须改。’王念孙曰:‘此曲为之说而终不可通。’‘唯’,戴校本作‘惟’,‘以’改‘仁’,与孔同。"

[3]"君子将说富贵,必勉于仁也":孔广森补注:"君子未尝说富贵也,为此语者,犹禄在其中之意。"阮元注:"元谓人之言富贵者,必勉之于仁。"阮元之意,"勉于仁"谓勉他人于仁以求富贵,义亦可通,只是于"君子将说富贵"略有不顺。按:"说"即"悦",意为君子必勉自身于仁以求富贵,如《论语·里仁》所云:"富与贵是人之所欲也,不以其道得之,不处也。"

[4]"伯夷、叔齐(,仁者也,)死于沟浍之间,其仁成名于天

下"：卢辩注："伯夷、叔齐，孤竹君之子。初无父母，后交让国，遂退北海之滨，而终死于首阳。"孔广森补注："言君子虽不富贵，亦勉于仁，以足上意也。《少阳》篇曰：'伯夷名允，叔齐名智。'"阮元本在"伯夷、叔齐"下有"仁者也"三字并释曰："《太平御览》四百一十九引'伯夷、叔齐'下有'仁者也'三字，此宋本之最确可据者，且与上'匹夫也'三字同例。今各本皆脱，故补之。孙侍御志祖云：'《困学纪闻》引《曾子》"沟浍"作"济浍"。'丁教授杰曰：'宋讳亦避"沟"字，或厚斋有意改之。'"

[5]"言为文章、行为表缀于天下"：王聘珍曰："文章，法度也。表缀者，谓以毛裘之物著于木山，以为望视标准者也。"阮元注："凡树臬以著望曰表，复系物于表曰缀，皆所以正疆土及人行立者。"孔广森补注："表缀，言为人准望也。凡树臬以著位曰表，舞列之表曰缀。"言伯夷、叔齐之言行为天下之表率也。

[6]"以役〈殁〉其身"：阮元释曰："殁，宋本讹'役'，卢本改'殁'。"汪中云："卢刻'殁'作'役'。戴云'役'当作'殁'。"汪喜孙案："戴说见戴氏《文集·再与卢侍讲书》。聚珍本作'殁'，云各本讹作'役'，今从方本。孔本亦作'殁'。附考卢本正作'役'。阮氏注释云'卢本改"殁"'，非也。"王树枏曰："各本'殁'作'役'。戴氏《文集》曰：'役，当作"殁"，前《立事》篇可据证。'聚珍本从方本改'殁'，汪本、阮本同。"王聘珍则作"役"，云："役，劳役也。"案，观乎《曾子立事》篇之行文，此处应作"殁"。①

---

① 方向东教授认为"役"有"营"之义："役，营也，见《国语·郑语》'正七体以役心'韦昭注：'役，助也。'《广雅·释诂二》：'役之，使助之。'役其身，即营其身，助其身。'役'作'殁'非是，王训'劳役'亦非。"（方向东：《大戴礼记汇校集解》，中华书局，2008 年，第 566 页）

所以君子把仁放在最为尊贵的位置上。天下人都想要富，然而怎么求富呢？追求仁才能（真正地）富。天下人都想要贵，然而怎样才能贵呢？遵行仁德才能（真正地）贵。在历史上，舜作为一个普通百姓，却能够最终拥有天下广袤无边的土地、驱使天下数量众多的民众，原因在于舜是以他的仁德而得到这些的。因此，君子有意于求取富贵时，必须勉力行仁。从前，伯夷、叔齐饿死于沟浍之中，但其仁名却播扬于天下。这两个人，居住在河、济之间，并不拥有宽广的土地，也没有什么富有的货财，但他们的言论却成为天下人的楷模，他们的行为成为天下人的典范。所以君子应当思考仁义，专心致志以至于达到白天忘了吃饭、夜晚忘记睡觉的地步，每天一早就开始自己的学业，到了夜晚则反省自检，对此终身坚持不懈，这才可以说是坚守自己行仁的事业了。

曾子制言下

曾子曰："天下有道，则君子讦然以交同[1]；天下无道，则衡言不革[2]。诸侯不听，则不干其土；听而不贤，则不践其朝[3]。是以君子不犯禁而入，入境及郊，问禁请命[4]，不通患而出危邑，则秉德之士不謟矣[5]。故君子不謟富贵，以为己说[6]；不乘贫贱，以居己尊[7]。凡行不义，则吾不事；不仁，则吾不长[8]。奉相仁义，则吾与之聚群；向尔寇盗，则吾与虑[9]。国有道则突若入焉，国无道则突若出焉，如此之谓义[10]。

[1]"天下有道，则君子讦然以交同"：王聘珍曰："讦，乐也。交同，谓上下交而其志同也。"阮元注："讦，喜也。"《说文·言部》、《玉篇·言部》、《广韵·欣韵》、《集韵·止韵》均训"讦"为"喜"。

[2]"天下无道，则衡言不革"：卢辩注："衡，平也。言不苟合也。"孔广森补注："革，改也。平言，不危言也。然亦无改其所守，故君子和而介。"王聘珍云："平言，言逊也。革，变也。《中庸》曰：'国无道，至死不变。'"阮元则谓："革，急也。谓孙其言以远害。"并

释曰："'革'、'急'古同音,每相假借。《礼记·檀弓》'夫子病革矣',郑读为'急',是也。"案,"衡"可训为"平",《尚书·太甲上》"惟嗣王不惠于阿衡"孔安国传:"衡,平也。"《诗·商颂·长发》"实维阿衡"郑玄笺及《周礼·地官·序官》"林衡:每大林麓"郑玄注均如是。然其与《曾子制言中》所言的"君子直言直行"不合,故不从。孙诒让则曰:"衡,当如前《制言中》篇'衡涂而偾'之'衡',卢注云:'衡,横也。'横言不革,言抗言不更其节也。《卫将军文子》篇云'有道顺君,无道横命',《史记集解》引'横'作'衡',此'衡言'犹彼'衡命'矣。"其说可从。

[3]"诸侯不听,则不干其土;听而不贤,则不践其朝":王聘珍曰:"听,从也。干,冒进也。土,谓疆土。……践其朝,谓履其位也。"阮元注:"干,犯也。犯土,谓入其境。践朝,谓受其爵。""干"可释为"犯",如《尚书·胤征》"以干先王之诛"、《左传·文公四年》"其敢干大礼以自取戾"杜预注及《国语·晋语四》"若干二命"韦昭注等均如是,然于此终归不太贴切。《玉篇·干部》、《广韵·寒韵》均谓:"干,触也。"《楚辞·七谏·谬谏》"恐犯忌而干讳"王逸注、《文选·张衡〈西京赋〉》"干云雾而上达"吕延济注也以"触"释"干","触"意为不入其境。"不贤",孔广森补注:"不以为贤而用之。"

[4]"不犯禁而入,入境及郊,问禁请命":王聘珍注:"禁,忌也。不听不贤则必忌之。从外曰入。境,界首也。邑外谓之郊。禁,谓国中政教所忌。请,犹问也。命,政令也。"戴校本作"不犯禁而入境",将"及郊问禁请命"六字作为卢注之文,阮注认为可取:"'及郊'以下卢注六字,各本皆以为正文,惟戴庶常改为注,孔本从之。元案:此虽无据,而其迹之误甚显,故可从也。自'曾子曰天下

有道'以下，皆语语相偶，无散乱之句，故知'不通患'七字，正与'不犯禁'七字相对待以成文，此中断不致羼入'及郊'六字也。'入人'字，宋本讹为'入人'，卢学士校改，今从之。"故此句阮元作"不犯禁而入人境"，然与下句语意不谐，故不从。

[5]"不通患而出危邑，则秉德之士不謂矣"：卢辩注："师败不苟免也。"孔广森作"不避患而出危邑"，云："宋本'避'讹'通'，'邑'讹'色'，并从戴氏校本改。"王聘珍作"不通患而出危色"，曰："通，知也。患，难也。危，疑也。言未仕其国，知难则去，无迟疑之色。《论语》曰'乱邦不居'是也。謂，横求见容也。"汪中则引王念孙案："'通'当作'遇'。"若依王、汪说，则"不避患而出危邑"指的是君子之所为，却与下文"则秉德之士不謂矣"明显不协调，因为"秉德之士不謂"的对象很显然应该是君。阮元作"不通患而出危邑"，注："通，共也，犹交同也。邑之有危难者，不与交同共其难，而出于其间，故曾子避越寇。"并释曰："'出'有'经过'之义，故《曲礼》曰：'离立者，不出中间。'言行过其中也。此篇曾子之意，主于处无道之世，不仕人国，远害安贫，与'谋人邦邑，危则亡'之义相远。此句仍是承上为言。'不通患'者，即近然交同之反也。训'通'为'共'者，义本《后汉书·来历传》注。卢仆射注'师败不苟免'，失曾子本义，故'通'字碍不可解。戴遂臆改为'避'字，孔本从之，非也。邑，宋本讹'色'。"孙诒让案："'避'与'通'形声俱远，此'通'字疑即'迩'之误，'不迩患'，谓不与患相近也，《劝学》篇'迩中正'，今本'迩'亦误作'通'，可证。"案，"则秉德之士不謂矣"与上文不相协调，疑"不通患而出危邑，则秉德之士不謂矣"在"听而不贤，则不践其朝"之下，或传抄有误而致。"不通患而出危邑"指国君遇到危险就率先而逃，不与百姓共患难。"通"者"共"也、"同"也，《庄子·天

地》"故通于天地者，德也"成玄英疏："通，同也。"《后汉书·来历传》"属通谏何言"李贤注："通，犹共也。""出"者"去"也，《吕氏春秋·忠廉》"杀身出生以徇其君"高诱注："出，去也。"《尚书·微子》"诏王子出迪"孙星衍《尚书今古文注疏》引之。《仪礼·丧服》"出妻之子为母"郑玄注："出，犹去也。"《荀子·大略》"乘其出者是其反者也"杨倞注、《诗·小雅·宾之初筵》"既醉而出"朱熹集传及《史记·韩长孺列传》"而出于忠厚焉"司马贞索隐等均谓："出，去也。""讇"通"谄"，《礼记·儒行》"不敢以谄"陆德明释文："谄，本又作讇。"《汉书·五行志中之下》"不知谁主为佞讇之计"颜师古注："讇，古'谄'字也。"《左传·襄公三年》"称其仇，不为谄"杜预注："谄，媚也。"孔颖达疏："谄者，阿顺曲从以求彼意。"

［6］"故君子不讇富贵，以为己说"：孔广森补注："'说'音'悦'。"王聘珍曰："说，谓容悦。"阮元注："不讇君卿使说己。"其说可通，意为君子不卑躬屈膝谄事富贵以求其欣赏或喜欢自己。

［7］"不乘贫贱，以居己尊"：王聘珍曰："乘，陵也。居，处也。《论语》曰：'贫而无谄，富而无骄。'"孔广森补注："乘，陵也。"阮元注："乘，谓自出其上也。"《周礼·春官·大史》"大史掌建邦之六典"郑玄注："《春秋传》曰：'天子有日官，日官居卿以底日礼也。居犹处也。'""乘"者，《国语·周语中》"晋不知乘"韦昭注、《吕氏春秋·贵直》"一鼓而士毕乘之"高诱注及《汉书·礼乐志》"小人乘君子"颜师古注等均解为"陵"。

［8］"凡行不义，则吾不事；不仁，则吾不长"：王聘珍曰："事，谓奉事，任其役使也。长，谓官长。不长者，不为其属也。"阮元注："不事，言不臣不义之诸侯。不长，言不臣不仁之公卿大夫。"

［9］"奉相仁义，则吾与之聚群；向尔寇盗，则吾与虑"：卢辩

注:"相,助也。""向尔寇盗,则吾与虑",孔广森补注:"人有与寇盗亲迩者,则为忧之。"王聘珍曰:"奉,承也。相,助也。聚,共也。群,谓群居。向,谓向往。言奉助仁义之人,君子身则与之聚群,而心则向往之。虑,谋也。言君子所聚群向尔之人,若遇寇盗之事,则当与共谋。《孟子》曰:'子思居于卫,有齐寇,或曰:"寇至,盍去诸?"子思曰:"如伋去,君谁与守?"'"因此该句王聘珍断为:"奉相仁义,则吾与之聚群向尔;寇盗,则吾与虑"。阮元注:"相,承也。臣之以仁义承助其君者,则与之同朝。尔,近也。与,读如'未有与焉'之'与'。无仁义而近有寇盗,则吾与其祸是虑。故曾子居武城,有越寇,曾子去。寇退,曾子反。沈犹有负刍之祸,从曾子者七十人,未有与焉。孟子谓曾子师也,父兄也,故去留无毁。"又云:"戴校本从《大典》'与'上加'不'字,今不从。"孙诒让则云:"丁校云:'"向尔"连上文为妥,亲迩寇盗则不义不仁矣。《杂记下》"外患勿辟也",则"向迩寇盗"谓寇盗向迩,如子思居卫有齐寇。'案:丁校后一说于义为长,'与虑',疑当训为'谋虑',与《保傅》篇'此前有与计而后有与虑也'义同。戴、孔、阮说并非是。"王聘珍与孙诒让意思相近,意为"奉相仁义"者遭寇盗之事,则吾与之筹谋;孔广森与阮元之意相近,意思是对待"奉相仁义"与"向尔寇盗"二者的态度不同。两说皆可通。

[10]"国有道则突若入焉,国无道则突若出焉":卢辩注引《诗·晨风》"鴥彼晨风,郁彼北林"加以说明。据此孔广森曰:"'突'字误,依注当为'鴥'。"王聘珍注:"突,读曰'鴥',《说文》云:'鴥,疾飞貌。'突若出者,如大鸟奋翼而去也。"阮元注:"突,猝然相见也。"并释曰:"卢注于'入焉'下引《诗·秦风》'鴥彼晨风,郁彼北林'二句为注,此或以'鴥'字注'突'字耳,未必正文即是'鴥',戴氏

直改为'鵁',未敢遽从。陆佃《埤雅》鹳类引《曾子》正文作'突',可见宋以前'突'字本不误。今注训'突'为'猝然相见'者,出入其国,决然甚速。《方言》曰:'江、湘之间,凡猝然相见谓之辈相见,或曰突。'《说文》:'突,不顺忽出也。'《广雅·诂二》:'突,猝也。'"

天下有道时,君子就欣然地互相交往、引为同道;天下无道时,君子仍当一如既往地直言而不改节。当士提出建议而诸侯不听,那就不入其国;国君虽然听了,但却不以其为贤才而尊重之,那就不到他的朝堂上做官;国君如果遇到危险而不能与民众共患难,那么有德之士是不会谄媚于他的。所以君子进入别的国境不该违犯禁令,如果入境的话到了郊外就会询问别国的风俗、政令。因此君子不会通过谄媚富贵之人而使自己得到别人的喜欢,也不会通过凌侮贫贱之士而使自己显得高贵。凡是行为不义的国君,我就不事奉他;凡是不仁爱的国君,我就不会以他为长上。对于那些尊奉、佐助仁义之士,就与之共群合作;当他们遇到寇盗之事时,就和他们一起谋虑如何应对。在国家有道之时,君子应该积极入仕参政、兼济天下;当国家无道之时,君子就应当急速离开、独善其身,这样做才是所谓的义。

夫有世义者哉[1]?曰:"仁者殆,恭者不入,慎者不见使,正直者则迒于刑,弗违则殆于罪[2]。是故君子错在高山之上,深泽之污,聚橡栗藜藿而食之,生耕

稼以老十室之邑[3]。是故昔者禹见耕者五耦而式,过
十室之邑则下,为秉德之士存焉[4]。"

注

[1]"夫有世义者哉":卢辩注:"义,宜也。"孔广森补注:"有
世,犹言有时也。'义者哉',当为'祸裁'之'裁',与'仁者殆'对
文。"王聘珍曰:"夫,谓君子。世义,谓与世相宜也。此问君子出入
时宜之道,下文乃为答之之词。"王念孙未下己意,只是说"此句
疑"。阮元云:"夫有世,言有此乱世也。王引之云:'哉,读为'裁',
字讹也。'元谓'曰'字衍,或为'行'字之讹。入,读为'纳'。言当世
于行仁义者则裁危之,恭敬者不纳其言,谨慎者不见使用,正直犯
谏者近之于刑戮,贤者居其国弗去必危罪矣。孟子曰:'无罪而杀
士,则大夫可以去;无罪而戮民,则士可以徙。'"并释曰:"王引之
云:'世有'二字,直贯至'刑'字。'义者'与'仁者'同,'仁'上'曰'
字自是衍文。或是上注文'宜'下有小'也'字,而讹为大'曰'字。
戴校删之,今未敢遽删。"于鬯案:"'哉'当从孔广森补注读为'祸
裁'之'裁'。下文云'仁者殆'('仁'上今本衍'曰'字,戴震校据《永
乐大典》无)与'义者裁'相对为文。惟'有世'二字未得其解,窃疑
'有世'实'世有'之倒。'夫有世义者裁'、'仁者殆'云云,义贯而
下,甚为显白。倒作'有世'则不辞。孔以为'有时',阮元注以为
'有此乱世',胥强说也。阮引王引之说'哉'读为'裁',与孔同。又
引云'世有'二字直贯至'刑'字,此正作'世有'。惜王氏此条不见
述闻,不知阮所引何据。疑王校已云'有世'当作'世有'也。"罗新
慧认为"世"有"大"之义,"世义"即"大义",并引王引之解《左传·

襄公二十八年》"郑游吉字大叔"以证之，王引之曰："'大叔'，《论语·宪问》篇作'世叔'，'世'、'大'声相近。'大'，正字也，'世'借字也。桓九年《传》正义曰：'诸经称"世子"及"卫世叔申"，经作"世"字，传皆作"大"，然则古者"世"字与"大"字义通也。'按，《公羊》经文十三年'世室屋坏'，《左氏》、《谷梁》并作'大室'；《左氏》经二十五年'乐大心'，《公羊》作'乐世心'。《曲礼》'不敢与世子同名'，郑注曰'"世"或为"大"'，则'大'、'世'古通用也。"①按，"世"古者与"大"义通，除却王引之所引《春秋·桓公九年》"曹伯使其世子射姑来朝"杜预注"曹伯有疾，故其子来朝"孔颖达疏外，《庄子·大宗师》"厉乎其似世乎"郭庆藩集释："'大'、'世'二字，古音义同，得相通也。"然训"世"为"大"于此句似有藩隔，所谓"大义"不明何指。又，"哉"若读为"栽"，下文"曰"必须判定为衍文，否则语句不通。窃疑"世"应训为"身"，《战国策·秦策四》"负刍必以魏殁世事秦"高诱注："世，身。"《吕氏春秋·用民》"古昔多由布衣定一世者矣"高诱注："终一人之身为世。""夫有世义者哉"意为"有人能终生行义吗"。

　　[2]"仁者殆，恭者不入，慎者不见使，正直者则迩于刑，弗违则殆于罪"：卢辩注："殆，危也。仁者危之，恭者又不受也。迩，近也。违，去也。"王聘珍曰："慎，谨也。使，用也。不去则罪及于身。""恭者不入"，汪中引刘台拱曰："'恭者不入'，谓责难于君而其言不入。"汪喜孙案："此条先君载刘说而未下己意，亦未校去卢注，盖两存之。"

---

① 罗新慧：《曾子研究——附〈大戴礼记〉"曾子"十篇注释》，商务印书馆，2013年，第373页。

[3]"君子错在高山之上,深泽之污,聚橡栗藜藿而食之,生耕稼以老十室之邑":卢辩注:"藜,藿;藿,豆。"孔广森补注:"错,居也。言无道则隐也。《小尔雅》曰:'柞之实谓之橡。'"王聘珍曰:"错,置也,谓君子自置其身也。污,水曲也。《吕氏·恃君》云:'冬日则食橡栗。'高彼注云:'橡,皂斗也。其状似栗。'太史公自序云'藜藿之食',张氏正义云:'藜,似藿而表赤。藿,豆叶叶。'生,业也。生耕稼,谓以耕稼为生也。言君子去无道之国,而隐居自给,无求于人,所谓与世相宜之道也。"阮元注:"错,藏也。污,水宨下也。橡,栩也,实可食。《列子》曰:'冬食橡栗。'藜草,似蓬。藿,都叶。刘向曰:'曾子布衣缊袍未得完,糟糠之食、藜藿之羹未得饱,义不合,则辞上卿。不恬贫穷,安能如何?'许宗彦云:'生,谓食之而生。'""生耕稼"与"聚橡栗藜藿"相对,王聘珍之注为上。"生"又可训为"治",《汉书·律历志上》"取竹之解谷生"颜师古注引应劭曰:"生者,治也。""生耕稼"意为力事耕稼。

[4]"禹见耕者五耦而式,过十室之邑则下,为秉德之士存焉":卢辩注:"不侮之也。"孔广森补注:"《曲礼》曰:'入里必式。'郑君以为'不诬十室'。"王聘珍曰:"两人共耕曰耦。式,车中小俛也。下,谓下车。"阮元注:"五耦,十人也。秉德之士,谓贫隐不仕乱世者也。"

有人能终生行义吗?答曰:"当仁者遭遇危殆,恭敬者的谏言不被采纳,谨慎的人不被任用,正直的人近于刑戮,(这种情况下)如果不逃离就会罹于罪,因此君子便会(远离是非而)隐居于高山之上,或者住在深泽之旁,他们采集野外的橡栗藜藿以裹腹,力事耕稼以终老于只有十几户人家的小村庄。因此，过去禹遇见十名结耦而耕的人就会在车上扶轼以示敬意，经过有十户人家的乡邑就会下车步行，因为在这些人里边，可能有秉持德操的君子厕身其中。"

曾子疾病

曾子疾病[1]，曾元抑首，曾华抱足[2]。曾子曰："微乎！吾无夫颜氏之言，吾何以语汝哉[3]！然而君子之务，尽有之矣[4]。夫华繁而实寡者，天也；言多而行寡者，人也[5]。鹰鹯以山为卑，而曾巢其上；鱼鳖鼋鼍以渊为浅，而厥穴其中[6]，卒其所以得之者，饵也。是故君子苟无以利害义，则辱何由至哉！亲戚不悦，不敢外交；近者不亲，不敢求远；小者不审，不敢言大[7]。故人之生也，百岁之中，有疾病焉，有老幼焉，故君子思其不可复者而先施焉[8]。亲戚既殁，虽欲孝，谁为孝？老年耆艾，虽欲弟，谁为弟？故孝有不及，弟有不时，其此之谓与！言不远身，言之主也；行不远身，行之本也。言有主，行有本，谓之有闻矣[9]。君子尊其所闻，则高明矣；行其所闻，则广大矣。高明广大，不在于他，在加之志而已矣[10]。与君子游，苾乎如入兰芷之室，久而不闻，则与之化矣；与小人游，贷乎如入鲍鱼之次，则与之化矣[11]。是故，君子慎其所去就。与君子游,如长日加益而不自知也[12];与小人游,如履薄冰,每履而下,几何而不陷乎哉[13]!吾不见好学盛而不衰者矣,吾不见好教如食疾子矣[14],吾不见日省而月考之其友者矣[15],吾不见孜孜而与来而改者矣[16]。"

[1]"曾子疾病":卢辩注:"疾困曰病。"《说文·疒部》段注:"疾,析言之则病为疾加,浑言之则疾亦病也。"可见"疾"与"病"有程度上的差异,疾轻而病重。高明先生认为:"疾病,是病势加重的意思。"①其说可从。

[2]"曾元抑首,曾华抱足":卢辩注:"元、华,其子也。"孔广森补注:"《檀弓》曰:'曾子寝疾病,曾元、曾申坐于足。'据申字子西,则'华'字当作'申',形似故误耳。"王聘珍曰:"抑,按也。抱,持也。"阮元注:"'抑首',当如《说苑》作'抱首'。华,当如《檀弓》作'申'。皆字形相近之讹。元与申,曾子二子。曾元尝游于燕。申字子西,子夏以《诗》传曾申,左丘明作《春秋传》,亦授曾申。"并释曰:"《说苑·敬慎》篇亦作'曾华',《汉书·王吉传》王骏曰'子非华、元',盖汉人皆以为曾华。惟《檀弓》曰'曾子寝疾病,曾元、曾申坐于足'作'申'字。《困学纪闻》曰:'楚斗宜申、公子申,皆字子西,则曾西之为曾申无疑。'据此,则《孟子》赵岐注以曾西为曾子之孙,亦误也。""抑"多作"按"解,《说文·印部》:"抑,按也。"《楚辞·九

---

① 高明注译:《大戴礼记今注今译》,台湾商务印书馆,1977年,第203页。

章·惜诵》"情沈抑而不达兮"王逸注、《战国策·齐策六》"使管仲终穷抑"、《淮南子·精神》"捧心抑腹"及《礼记·内则》"敬抑搔之"等均作如是解,《汉书·贾谊传》"上不使捽而刑之也"颜师古亦注:"抑,谓按之也。"然曾子疾病而按其头,或不可解,此姑从阮元说,依《说苑》而作"抱首"。

[3]"微乎!吾无夫颜氏之言,吾何以语汝哉":孔广森补注:"微乎,叹辞。颜氏,子渊也。"王聘珍曰:"孔氏《檀弓》疏云:'微,无也。言无得如是与。'语,告也。"阮元注:"微,犹无,止辞也。《檀弓》曾子曰:'微与,其嗟也可去,其谢也可食。'孔检讨云:'颜氏,子渊也。'元谓颜子死,弟子必有记言,惜今鲜传。"

[4]"然而君子之务,尽有之矣":王聘珍曰:"务,事也。"阮元则作"然而君子之务,盖有之矣",云:"盖,阁本如此,今本皆作'尽'。'然而'二句,《说苑》作'虽无能,君子务益'。"汪中亦以为"'尽',当作'盖'"。汪喜孙案:"戴校聚珍本作'盖',云各本讹作'尽',今从《永乐大典》本。孔本作'尽',云《大典》作'盖'。阮本作'盖',云阁本如此。今本皆作'尽',先君校作'盖',与聚珍本、阮本合。"于鬯则案:"'尽'字当本作'益',戴震校据《永乐大典》作'盖',亦误字也。此必'益'误为'盖','盖'又误为'尽'耳。《说苑·敬慎》作'虽无能君子务益'则其明证矣。'务益'者即下文所云云也。华繁实寡,非务益之道也。鹰鹯鱼鳖鼋鼍,虽能务益,而利败之也。是故君子务益,必由亲及外,由近及远,由小及大,以下又反复申明其说。末四言'吾不见',则又卒叹真能务益者之未见也。此'益'字误,而下文通末语皆无主眼矣。"此不改字为训,而以之为"尽"。①

---

① 高明先生认为"尽有之矣"指的是曾子接下来所说的话,其意为"全部(转下页)

[5]"夫华繁而实寡者,天也;言多而行寡者,人也":王聘珍曰:"华,草木华也。《尔雅》曰:'华,荂也。华荂,荣也。木谓之华,草谓之荣。不荣而实者谓之秀,荣而不实者谓之英。'《论语》曰:'苗而不秀者有矣夫,秀而不实者有矣夫。'孔彼注云:'言万物有生而不育成者,喻人亦然。'"孙诒让引丁校云:"'天也',如左氏庄四年、宣十五年《传》'天之道也'。"

[6]"鹰鹯以山为卑,而曾巢其上;鱼鳖鼋鼍以渊为浅,而厬穴其中":孔广森补注:"曾,重也。厬,窟也。"王聘珍曰:"鹯,鸷鸟也。'曾'读曰'增'。《说文》云:'鸟在木上曰巢。鳖,甲虫也。鼋,大鳖也。鼍,水虫,似蜥易,长大。''厬'读曰'掘'。穴,窟也。"王引之曰:"家大人曰:'古无训"厬"为"窟"者,且"厬穴"与"曾巢"对文,则"厬"非"窟"也。'余谓'厬'者'穿'也,言更于渊中穿土为穴也。《广雅》曰:'欮,穿也。'隐公元年《左传》曰'阙地及泉',《吴语》曰'阙为深沟',韦注:'阙,穿也。'欮、阙、厬并通。《说苑·敬慎》篇、《潜夫论·贵志》篇并作'以渊为浅而穿穴其中'。"孙诒让曰:"孔云:'曾,《大典》作"增"。'赵校云:'曾,当作"橧",与下"厬穴"对。'"阮元注:"鹰、隼,皆鸷鸟。曾,与'增'同。王编修引之云:'厬,读为"撅",掘也。'卢仆射云:'生生之厚,动之死地也。'"并释曰:"《群书治要》无'曾'字,'渊'作'川','厬'作'窟','卒'下有'其'字,'德'下无'之'

(接上页)包括在这些话里了"(高明注译:《大戴礼记今注今译》,台湾商务印书馆,1977年,第204页);罗新慧教授却认为指的是曾子对自己的总结与定位,其意为"我却已经掌握了"(罗新慧:《曾子研究——附〈大戴礼记〉"曾子"十篇注释》,商务印书馆,2013年,第378页)。曾子若在临终之际认为自己已做到君子之事也是可以的,不过不如他对自己一生思想的总结,故而此处从高明先生之说。

字,'无以'作'毋以',今皆不从之。'隼'从'隹',俗本又加'鸟',今改正。《荀子·法行》篇'隼'作'鸢','曾'作'增','巇穴'作'堀说'。《说苑》十'鹰隼'作'飞鸟','曾'作'层',十六又作'鹰鸷',作'增巢','巇穴'作'穿穴'。《御览》九百廿六引《曾子》'隼'作'鹯','山'上多'太'字,'卑'作'下','曾'作'增'。《荀子·法行》篇引曾子曰:'君子苟能无以利害义,则耻辱亦无由至矣。'注:以'曾'为'增'者,《尔雅》:'曾,重也。'《孟子》曰:'曾益其所不能。'王引之云:'《逸周书》"獠有蚤而不敢以撅","撅"与"巇"同。《左传》云"阙地及泉","阙"、"巇"、"撅"同义也。《荀子》作"堀","堀"即"掘",尤可证之。'"

[7]"亲戚不悦,不敢外交;近者不亲,不敢求远;小者不审,不敢言大":孔广森补注:"古者谓父母为亲戚。《春秋左传》伍尚曰:'亲戚为戮。'"王聘珍曰:"亲戚,谓父母也。《五帝本纪》云:'尧二女事舜亲戚,甚有妇道。'交,友也。亲,爱也。审,悉也。"

[8]"君子思其不可复者而先施焉":王聘珍曰:"疾病老幼之时,不能尽孝弟之礼。复,返也。施,行也。"阮元注:"疾病、老幼皆当仁爱,尤以孝弟为先。不复者,谓父母兄长之年也。五十曰艾,六十曰耆。已之年耆艾,则兄长多故矣。曾子曰:'往而不可还者,亲也;至而不可加者,年也。是故孝子欲养而亲不逮也,木欲直而时不待也。是故椎牛而祭墓,不如鸡豚逮亲存也。'"

[9]"言不远身,言之主也;行不远身,行之本也。言有主,行有本,谓之有闻矣":卢辩注:"知身是言行之基,可谓闻矣。"阮元注:"曾子之学,皆本于身,不求言行于虚远之地,以身为言行所从出,故日省其身。有闻者,如子路有闻。"

[10]"高明广大,不在于他,在加之志而已矣":卢辩注:"董仲

舒《对策》引此文云：'行其所知。'"王聘珍曰："高明以德言，广大以业言。志，意也。"此句阮元作"在加之意而已矣"并释曰："《汉书·董仲舒传》引《曾子》'广大'作'光大'，'光'乃'广'音近假借字。《传》中'行其所闻'作'知'，'加之意而已'无'矣'字，皆董策所删改。《群书治要》'加'上无'在'字，'意'作'志'，今不从。"

[11]"与君子游，苾乎如入兰芷之室，久而不闻，则与之化矣；与小人游，贷乎如入鲍鱼之次，则与之化矣"：孔广森注："贷音'貣'。《文选·辨命论》注引此文作'臭'。肆，宋本作'次'，从《大典》改。《辨命论》注亦为'肆'字。"王聘珍曰："苾，馨香也。兰芷皆香草。……孔氏《中庸》疏云：'变尽旧体而有新体，谓之为化。'《释名》云：'贷骏，贷者言以物贷予骏者，言必弃之不复得也，不相量事者之称。'聘珍谓：人以身入小人之类，与之俱化，是以其身贷予之也。郑注《周礼》云：'鲍者，于楅室中糗干之。'次，若今市亭然。"王引之云："'贷'，《永乐大典》本作'腻'，《群书治要》引《曾子》同，马总《意林》作'戏'。家大人曰：'"贷"、"腻"、"戏"皆"臟"字之讹。'《释名》曰：'土黄而细密曰埴。埴，臟也，黏腻如脂之臟也。今本"臟"字亦讹作"腻"。'《广雅》曰：'苾，香也。臟，臭也。'故曰'苾乎如入兰芷之室，臟乎如入鲍鱼之次。'又案：'次'字，宋本与今本同。孔氏补注从《永乐大典》作'肆'，而以《文选·辨命论》注引《大戴礼》作'肆'为证。今案：'次'即'肆'也。《周官·廛人》'掌敛市次布'郑司农云：'次布，列肆之税布。'不必改为'肆'。"汪喜孙案："聚珍本作'腻'。《永乐大典》改也。《群书治要》亦作'腻'。《文选·辨命论》注引此文作'臭'。马总《意林》作'戏'。王侍郎以为'腻'字之讹。各说不同，先君不破字。"此从王引之之说。

[12]"与君子游，如长日加益而不自知也"：卢辩注："如日之

長,雖日加益而不自知也。"阮元注:"日行出赤道北,不覺其長。"並釋曰:"戴氏校殿本改盧注'如日之長'為'如身之長',則讀正文'長'字為上聲矣。然《漢書·董仲舒傳》云:'積善在身,猶常日加益,而人不知也;積惡在身,猶火之銷膏,而人不見也。'董以'火'對'日'為言,則此正文言日晷之長無疑,未可遽改盧注也。"

[13]"與小人游,如履薄冰,每履而下,幾何而不陷乎哉":王聘珍曰:"履,踐也。每,頻也。陷,沒也。"

[14]"吾不見好教如食疾子矣":盧辯注:"言未見好教欲人之受,如餔疾子也。"孔廣森補注:"子疾新愈,冀其能食,而又餔之有節。如善誘人者,誨之不倦而又必以漸也。"

[15]"吾不見日省而月考之其友者矣":王聘珍曰:"省,察也。考,校也。言就其友省察考校己之德行道藝也。此言人之好學者。《論語》曰:'日知其所亡,月無忘其所能,可謂好學也已。'"

[16]"吾不見孜孜而與來而改者矣":盧辯注:"謂擇善而改非也。"孔廣森補注:"與來,樂聞善言,來者與之也。"王聘珍曰:"孜孜,不怠之意。來,謂來學者。改,謂改其失也。此言人之好教者。《學記》曰:'教也者,長善而救其失者也。'"孫詒讓案:"與來而改,似謂與歲月之來而變化,言其日進不已也。孔說未得其義。"汪中引王念孫案:"'與來'二字疑。"阮元注:"與,許也。來學而改過者,許而教之,勤引後進也。孔子曰:'與其進也。'"並釋曰:"汪晫本此後尚有'官怠於宦成,病加於少愈,禍生於懈惰,孝衰於妻子。察此四者,慎終如始。《詩》曰'靡不有初,鮮克有終'"三十八字,乃據《說苑·敬慎》篇續入,非《大戴》曾子十篇中文也。又,丁教授杰曰:'此末句盧注云"謂擇善而改",非也。似本文"來"字為"采"字之訛,故盧以"擇"訓之。'姑存此說,未敢遽改。"案,該章最後一句,

"好学"与"好教"相对,那么"考之其友"便应与"与来而改"相对。"考之其友"指的是自己的改善与提高,"与来而改"当指别人的反省与改过,故而此处从阮注。

　　曾子的病势有所加重,他的儿子曾元抱着他的头,曾华抱着他的脚。曾子说:"没有什么可多说的了。我没有颜渊那样的言论,我该跟你们说什么呢? 然而作为一名君子所应汲汲于从事的,都已经包括在接下来这些话里了。可以说,花蕊茂盛最终结的果实却不多,这是自然界的客观现象;言论多而行动少,这是人类的普遍状况。鹰隼嫌山不够高进而筑巢其上、鱼鳖鼋鼍觉得深渊太浅还要往下挖洞,但它们却最终为人所捕获,原因在于它们为诱饵所吸引。因此君子如果能做到不以利害义,那就能远离耻辱。如果连父母这样有血缘关系的家人都对自己不满意,就不要和外人交往。如果连关系密切的人都不跟自己亲近,那就不要试图去亲近那些关系疏远的人。如果连那些小事都不能详知,就不要去谈论大事。因此在人生在世的百年之中,会有小恙、有大病,会年轻、也会年老,对君子而言,当首先考虑去做那些(比较急迫)无法再重复的事。比如父母一旦去世,即便再想对父母尽孝道也没有机会了;等到自身年纪大了,即便再想去尽悌道事奉兄长,但那时兄长还在世吗? 因此行孝道也会赶不及、想敬事兄长也会时机流逝,说的就是这种情况吧! 说话不能不考虑身体上能否做得到,这是言论的核心;德行不能不考虑能否在日常中实践,这是行为的根本;言论有核心,德行有根本,这才叫学到重点了。君子尊崇他所听到的善言,他的品格就会崇高而光明;努力践行他所听到的善言,他的功业就会宽广而博大。品德高明、功业广大，关键不在于其他的，而在于要树立起志向而已。与君子交游，就如同步入放置香草的房间一样，时间久了就闻不到香味，因为他自身已经变得与兰草一样香了；与小人交游，就如同置身于卖鲍鱼的市场一样，(时间久了就闻不到臭味)，因为他已经被同化了。因此，君子对于他选择所离开或趋就的人一定要慎重。与君子交游，(受他的熏陶)就像从冬至开始每天白昼逐渐加长一样而无所察觉；与小人交游，就像在薄冰上行走一样，每走一步就会下陷一点，最终又如何能够不掉进去呢？我没有见过那种好学且能长久坚持而不曾稍有懈怠的人，我没有见过那种喜欢教诲别人就好像喂食处于疾病中的孩子一样(耐心而循序渐进)的人；我没有见过那些每日自省、每月敦请朋友来监督、校考自己的人，我没有见过那些孜孜不倦奖许别人来就学而肯改过的人。"

曾子天圆[1]

单居离问于曾子曰:"天圆而地方者[2],诚有之乎?"

曾子曰:"离！而闻之,云乎[3]!"单居离曰:"弟子不察,此以敢问也[4]。"

曾子曰:"天之所生上首,地之所生下首;上首之谓圆,下首之谓方[5]。如诚天圆而地方,则是四角之不掩也[6]。且来,吾语汝。参尝闻之夫子曰:'天道曰圆,地道曰方[7],方曰幽而圆曰明[8]。明者,吐气者也,是故外景;幽者含气者也,是故内景[9]。故火日外景,而金水内景[10]。吐气者施,而含气者化,是以阳施而阴化也[11]。阳之精气曰神,阴之精气曰灵[12]。神灵者,品物之本也[13],而礼乐仁义之祖也[14],而善否治乱所兴作也[15]。阴阳之气各静其所则静矣[16],偏则风[17],俱则雷,交则电[18],乱则雾[19],和则雨[20]。阳气胜则散为雨露,阴气胜则凝为霜雪[21]。阳之专气为雹,阴之专气为霰[22]。霰雹者,一气之化也。毛虫毛而后生，羽虫羽而后生，毛羽之虫，阳气之所生也；介虫介而后生，鳞虫鳞而后生，介鳞之虫，阴气之所生也[23]。唯人为倮匈而后生也[24]，阴阳之精也[25]。毛虫之精者曰麟，羽虫之精者曰凤，介虫之精者曰龟，鳞虫之精者曰龙，倮虫之精者曰圣人[26]。龙非风不举，龟非火不兆，此皆阴阳之际也[27]。兹四者，所以役于圣人也[28]。是故圣人为天地主，为山川主，为鬼神主，为宗庙主[29]。圣人慎守日月之数，以察星辰之行，以序四时之顺逆，谓之历[30]；截十二管，以宗〔察〕八音之上下清浊，谓之律也[31]。律居阴而治阳，历居阳而治阴[32]，律历迭相治也，其间不容发[33]。圣人立五礼以为民望[34]，制五衰以别亲疏[35]，和五声以导民气[36]，合五味之调以察民情[37]，正五色之位[38]，成五谷之名[39]。序五牲之先后贵贱[40]，诸侯之祭〈牲〉牛，曰太牢；大夫之祭牲羊，曰少牢；士之祭牲特豕，曰馈食[41]。无禄者稷馈，稷馈者无尸，无尸者厌也[42]。宗庙曰刍豢，山川曰牺牷，割列襄瘗，是有五牲[43]。此之谓品物之本，礼乐之祖，善否治乱之所由兴作也。'"

注

[1] 汪中云："此篇疑非《曾子》本书。"汪喜孙案："先君此语必自有说。今不可知。"

[2]"天圆而地方者":王聘珍曰:"中规者谓之圆,中矩者谓之方。"

[3]"而闻之,云乎":卢辩注:"而,犹汝也。汝闻则言之也。"

[4]"弟子不察,此以敢问也":此句或断为"弟子不察此,以敢问也",汪中注:"台拱案:'此'字属下句。《卫将军文子》篇:'智莫难于知人。此以难也。'"阮元云:"'此以',戴本据《大典》改为'以此',非是。《大戴》屡有'此以'文法,《四代》篇、《虞戴德》篇皆见之。"汪喜孙案:"戴校聚珍本作'以此',云各本作'此以',今从《永乐大典》本。阮氏注释曰:'《大戴》屡有"此以"文法,《四代》篇、《虞戴德》篇皆见之。'先君录刘说而不下己意,盖从其说。""察"者,《尔雅·释诂下》、《广韵·黠韵》均谓之"审",《左传·庄公十年》"虽不能察"杜预注、《周礼·秋官·乡士》"察其辞"郑玄注及《国语·楚语上》"而以察清浊为聪"韦昭注亦谓:"察,审也。"《楚辞·离骚》"悔相道之不察兮"朱熹集注:"察,明审也。"《大戴礼记·四代》"子察教我也"王聘珍解诂:"察,审也,明也。""不察"是谓无法对此明审对错,故而有问。

[5]"天之所生上首,地之所生下首;上首之谓圆,下首之谓方":卢辩注:"人首圆足方,因系之天地,因谓天地为方圆也。《周髀》曰:'方属地,圆属天,天圆地方也。'《淮南子》曰:'天之圆,不中规。地之方,不中矩。'《白虎通》曰:'天,镇也,其道曰圆。地,谛也,其道曰方。'一曰:圆谓水也。"孔广森补注:"上首谓动物,下首谓植物,《易·文言》曰'本乎天者亲上,本乎地者亲下'是也。圆形动,故动物象之。方体静,故植物象之。凡圆环而三,方周而四,是为天地奇偶之数。"阮元注:"天动地静,古人物动者属天,其首恒在上;草木静者属地,其首恒在下。地上空虚无土之处皆天,故凡动

者皆天所生。草木甲坼而生，以根为首，枝为末也。人以头为首，故《说文》曰：'发，根也。'《易》曰：'本乎天者亲上，本乎地者亲下。'临海周治平云：'人物有息以接天气，故上首；草木有根以承地气，故下首。'"孙诒让曰："赵校云：'《淮南·精神训》"故头之圆也象天，足之方也象地"，卢注所本，孔注非。'案：下不得云首，赵说非。"案，"下首"可指其首朝下，赵、阮说亦可通，与孔广森解以动物、植物也并不冲突。

[6]"如诚天圆而地方，则是四角之不掩也"：阮元注："方员同积，则员者必不能掩方之四角。今地皆为天所掩，明地在天中。天体浑员，地体亦员也。《曾子》及《周髀》本言地员，自周末畴人子弟散在四夷，古法始微。《周髀》曰：'日运行处极北，北方日中，南方夜半。日在极东，东方日中，西方夜半。日在极南，南方日中，北方夜半。日在极西，西方日中，东方夜半。'据此，则知周时说地体亦浑员，所由准北极高下，分里差时差，以验交食，盖天实具浑天之法也。梅徵君文鼎云：'地员可信，《大戴礼》有曾子之说。'"孔广森补注："浑天之象，天地皆浑圆如丸。天旋于外，地止于内，水绕地而流，人附地而行。虽自北极至于南极，首恒戴天，足恒履地，如蚁行案底，初不知有侧立之时、倒悬之患。世人据齐州为地平，指所未见者为低下，此拘墟之识耳。昔者黄帝问于岐伯曰：'地之为下，否乎？'岐伯曰：'地为人之下。太虚之中，大气举之。'然则地圆之理，古圣发之矣。盖天家言天如倚笠，地法覆槃。按《荀子》云：'槃圆而水圆，盂方而水方。'知槃者圆器，是亦说地为圆形也。"

[7]"天道曰圆，地道曰方"：卢辩注："道曰方圆耳，非形也。"孔广森补注："《吕氏春秋》曰：'何以说天道之圆也？精气一上一下，圜周复杂，无所稽留，故曰"天道圆"。何以说地道之方也？万

物殊类殊形,皆有分职,不能相为,故曰"地道方"。'"阮元注:
"《易·说卦》曰:'乾为天,为圜。'《文言》曰:'坤至静而德方。'皆言
其道也。圣人因方员以治天下,故《周髀》以笠写天,立周天之度。
禹用矩测高、深、远,以治山川也。"阮元认为:"此下皆孔子言者,读
其文皆成一章,未尝有曾子之言间杂其中也。"

[8] "方曰幽而圆曰明":卢辩注:"方者阴义,而圆者阳理,故
以名天地也。"阮元注:"地道幽,天道明,故以为天地之名。《易》
曰:'仰以观于天文,俯以察于地理,是故知幽明之故。'"

[9] "明者,吐气者也,是故外景;幽者含气者也,是故内景":
卢辩注:"景,古通以为'影'字。外景者,阳道施也。内景者,阴道
含藏也。"王聘珍曰:"吐,犹出也。《说文》云:'景,光也。'外景者,
光在外。内景者,光在内。"阮元注:"天阳吐气,而其景在外;地阴
含气,而其景在内。《易》曰:'坤,含弘光大。'又曰:'含万物而
化光。'"

[10] "故火日外景,而金水内景":卢辩注:"火气阳也。金质
阴也。"王聘珍曰:"离为火、为日,以二阳而周乎一阴之外,故光在
外。兑为金,以二阳而说于一阴之内,坎为水,以一阳而陷于二阴
之中,故光在内。"阮元注:"日与火属天,其景外照,月星从之;金与
水属地,其景内照,故镜能含景。"孔广森补注引《荀子》曰:"浊明外
景,清明内景。"王聘珍以八卦注此句,过于牵强,兹不从。

[11] "吐气者施,而含气者化,是以阳施而阴化也":卢辩注:
"施,赋也。化,体生。"王聘珍曰:"施,予也。化,生也。谓化其所
施也。《易》曰'天施地生'也。"阮元注:"人物生于地,然非得日气
不生,故《周髀》曰:'北极下,不生万物。中衡左右,冬有不死之
草。'"并释曰:"《淮南子·天文训》袭此节文曰:'天道曰圆,地道曰

方。方者主幽,圆者主明。明者,吐气者也,是故火曰外景;幽者,含气者也,是故水曰内景。吐气者施,含气者化,是故阳施阴化。'"

[12]"阳之精气曰神,阴之精气曰灵":卢辩注:"神为魂、灵为魄,阴阳之精,有生之本也。及其死也,魂气上升于天为神,体魄下降于地为鬼,各反其所自出也。"王聘珍曰:"神,谓天神。灵,为地祇。《说文》云:'天神,引出万物者也。地祇,提出万物者也。'"

[13]"神灵者,品物之本也":王聘珍曰:"品,众庶也。"品,"众"也,《潜夫论·贤难》"岂独品庶"汪继培笺:"《汉书·贾谊传》服赋云'品庶每生',《史记·伯夷传》作'众庶冯生'。"《资治通鉴·魏纪八》"人情之于品物"胡三省注:"品,众也。"

[14]"而礼乐仁义之祖也":卢辩注:"乐由阳来,礼由阴作。仁近乐,义近礼,故阴阳为祖也。"《尔雅·释诂上》曰:"祖,始也。"《易·小过》"过其祖"王弼注、《周礼·春官·大祝》"及祖饰棺"贾公彦注、《仪礼·既夕礼》"有司请祖期"郑玄注及《吕氏春秋·必己》"而浮游乎万物之祖"高诱注等均作如是解。

[15]"而善否治乱所兴作也":王聘珍曰:"善则治,乱则否,《易》云:'天地交,泰,内阳而外阴也。天地不交,否,内阴而外阳也。'"王念孙曰:"'所'下有'由'字,而今本脱之,则语意不完。下文曰'此之谓品物之本,礼乐之祖,善否治乱之所由兴作也',正与此相应。则有'由'字明矣。"此句汪中亦补为"而善否治乱所由兴作也",汪喜孙案:"各本无'由'字,先君校补。谨案:篇末复此句有'由'字。"

[16]"阴阳之气各静其所则静矣":王聘珍曰:"各静其所,谓各安其处也。"《毛诗传》云:"静,安也。"卢刻本亦作"各静其所"的"静",孔广森校注本改为"从",云:"从,宋本讹作'静',从高安本

改。"阮元注："近于日为阳,远于日为阴。夏多阳,冬多阴;南多阳,北多阴;昼多阳,夜多阴。是其所也。"并释曰："'从',各本作'静',或作'尽',惟高安本作'从'。"汪中云："'从',卢刻作'静'。学诚案:'静'字疑当作'正'字,于义较明。"汪喜孙案:"高安本作'从',聚珍本、孔本、阮本并作'从'。先君改'从'字而附章说于简端,疑不用其说。""各静其所"虽与其后之"静"字重复,语或不协,但义亦可通。

[17]"偏则风":卢辩注："谓气胜负。"王聘珍曰："偏,不正也。阴入于阳,旋而无形,为风也。"

[18]"俱则雷,交则电":卢辩注："自仲春至仲秋,阴阳交泰,故雷电也。"王聘珍曰："俱,皆也。阳为阴伏,相薄而有声,为雷。《说文》云:'电,阴阳激耀也。'"

[19]"乱则雾":王聘珍曰："《尔雅》曰:'地气发,天不应,曰雾。'《释名》云:'雾,冒也,气蒙乱覆冒乎物也。'"

[20]"和则雨":卢辩注："偏则风而和则雨,此谓一时之气也。至若春多雨,则时有所宜。"王聘珍曰："阴畜阳极则和,故水从云下也。"

[21]"阳气胜则散为雨露,阴气胜则凝为霜雪":王聘珍曰："胜,克也。散,布也。凝,结也。阳主散,阴主凝。《说文》云:'雨,水从云下也。'露,润泽也。霜,丧也,成物者。雪,凝雨,说物者。"

[22]"阳之专气为雹,阴之专气为霰":卢辩注："阳气在雨,温暖如汤;阴气薄之,不相入,转而为雹。阴气在雨,凝滞为雪;阳气薄之,不相入,散而为霰。故《春秋谷梁》说曰:'雹者,阴胁阳之象;霰者,阳胁阴之符也。'"孙诒让云："孙校云:'温暖如汤',本《汉书·五行志》刘向语;'转',当为'抟'。严校云:'阳之专气为雹,阴

之专气为霰','霰'、'雹'二字互讹,当从《小雅·頍弁》正义所引校正。又案:'两"专"字,当读徒丸反,两"专"字略读。'刘校云:'《頍弁》笺云:"将大雨雪,始必微温,雪自上下遇温气而抟,谓之霰。"《正义》引此,申之云:"盛阳之气在,雨水则温暖为(案:此句文义未全,考孔义并本卢注,疑为亦当为如下文拫'汤'字)。阴气薄而会之,不相入则抟为雹也。盛阴之气在,雨水则凝滞而为雪,阳气薄而胁之,不相入则消散而下,因水而为霰,是霰由阳气所薄而为之也。"'案:严据《诗》疏校正、又读'专'为'抟'并是也。(《老子》云'专气致柔',此'专气'似与彼同。《释名·释天》云'"霰",星也。水雪相抟如星而散也',亦与此义相近)。阴阳,犹言寒温,以气学之理论之,水气在上成雨,降而骤遇大寒,则结而为雹,故雹属阴。水气在上成雪,降而骤遇微温,则释而为霰,故霰属阳。《诗》疏所引于理较切,但审绎卢注所见本似已与今本同。又,卢似以气薄之不相入释'专',又云'散而成霰',则不以'专'为'抟',《诗》疏义亦然,皆不及严说之长也。"阮元认为临海周治平"深于天算,兼习西洋之法",其说"融会中西之说为之,其理甚明,故载用之",周生云:"万物各有本所,故得其所则安,不得其所则强。及其强力已尽,自复居于本所焉。本所者何?如土最重,重爱卑,性居下。火最轻,轻爱高,性居上。水轻于土,在土之上。气重于火,在火之下。然水比土为轻,较火、气为重。气比火为重,较水、土为轻。以是知水必下而不上,气必上而不下矣。盖水之情为冷湿,火之情为燥热,土之情为燥冷,气之情为湿热。其情皆有偏胜,各随其胜所。火、气偶入水、土之中,必不得其安,而欲上行。水、土因气腾入气、火之域,亦必被强而欲下堕,各居本所矣。日光照地,与气上升,偏于燥,则发为风。火与土俱,挟气上升,阻于阴云,难归本所。火土之势，上下不得，亦无就灭之理，则奋迅决发，激为雷霆，与气交合，迸为火光，居于本所，故云'交则电'。日气入地，郁隆腾起，结而成云，上及于盖，盖是冷际，即化为水，下居本所。故雨者，冷、热二气相和而成也。若湿气既清且微，是阳胜也。升至冷际，乃凝为露。三冬之月，冷际甚冷，是阴胜也。云至其处，既受冷侵，一一凝沍，皆是散圆，即成雪矣。露之为霜，其理略同。盖气有三际，中际为冷，上近火热，下近地温，冷际正中，乃为极冷。夏月之气，郁积浓厚，决绝上腾，力专势锐，迳至极冷之深际，骤凝为雹。入冷愈深，变合愈骤，结体愈大矣。故雹体之大小，又因入冷之浅深为差等，非如冬月云气徐徐上升，渐至冷之初际，而结体甚微也。故夏月云足促狭，隔胜分垄，而晴雨顿异焉。冬时气升冷际，化而成雨，因在气中摩荡，故一一皆圆。初圆甚微，以渐归并，成为点滴，未至本所，又为严寒所迫，即下成霰矣。故雹、霰者，皆阴阳专一之气所结而成者也。"若训"专"为"抟"，则与上文之"偏"、"俱"、"交"、"胜"等难以区分，故此当以其本字解。

[23]"毛虫毛而后生，羽虫羽而后生，毛羽之虫，阳气之所生也；介虫介而后生，鳞虫鳞而后生，介鳞之虫，阴气之所生也"：卢辩注："言阴阳所生者，举其多也。"王聘珍曰："郑注《大司徒》云：'毛虫，貂狐貒貉之属，缛毛者也。羽虫，翟雉之属。'《淮南·天文》云：'毛羽者，飞行之类也，故属于阳。'郑注《大司徒》云：'介虫，龟鳖之属，水居陆生者。鳞虫，鱼龙之属。'《淮南·天文》云：'介鳞者，蛰伏之类也，故属于阴。'"孔广森补注："动物皆天之所生，天气又自分阴分阳。毛羽外见，故阳；介鳞水伏，故阴也。"

[24]"唯人为倮匈而后生也"：卢辩注："倮匈，谓无毛羽与鳞介也。"阮元注："倮者包生。'包'讹为'匈'。许慎曰：'包，象人裹

妊。《月令》曰：'中央土，其虫倮。''倮虫'，人也。"孙诒让引严校云："高安本无'后'字。"王念孙云："'倮匈而生'，谓无羽毛鳞介也，则'生'上不当有'后'字。此涉上文四'后'字而衍。"

[25]"阴阳之精也"：卢辩注："人受阴阳纯粹之精，有生之贵也。凡倮虫，则亦兼阴阳气而生也。"阮元注："人秉阴阳之精以生，故圆顶方趾。"孔广森补注："人倮匈而生，谓之倮虫。五方之民殊形异性，故云'倮虫之属三百六十，而圣人为之长'。《月令》注以虎豹之类浅毛者皆为倮虫，广森所疑。"

[26]"毛虫之精者曰麟，羽虫之精者曰凤，介虫之精者曰龟，鳞虫之精者曰龙，倮虫之精者曰圣人"：卢辩注："龟、龙、麟、凤，所谓四灵。"王聘珍曰："《尔雅》曰：'麐，麕身牛尾一角。鶠，凤，其雌皇。'《易》曰：'十朋之龟。'《尔雅》曰：'一曰神龟，二曰灵龟，三曰摄龟，四曰宝龟，五曰文龟，六曰筮龟，七曰山龟，八曰泽龟，九曰水龟，十曰火龟。'《说文》云：'龙，鳞虫之长，能幽能明，能细能巨，能短能长，春分而登天，秋分而潜渊。'陆氏《尔雅音义》云：'三虫为蟲，直忠切，有足者也。今人以虫为蟲，相承假借用耳。'《说文》云：'虫，一名蝮，象其形物之微细，或行或飞，或毛或倮，或介或鳞，以虫为象。'《尔雅》曰：'有足谓之虫，无足谓之豸。'《月令》鳞毛羽介皆谓之虫。《白虎通》以圣人为倮虫之长，自上圣下达蟭螟，通有虫称耳。"

[27]"龙非风不举，龟非火不兆，此皆阴阳之际也"：卢辩注："龟、龙为阴，风、火为阳，阴阳会也。"孔广森补注："'兆'谓以火灼龟，兆吉凶也。《管子》曰：'龟生于水，发之于火，于是为万物先，为祸福正。'《白虎通义》曰：'龟非火不兆，以阳动阴也。'"王聘珍曰："举，飞动也。《说文》云：'兆，灼龟坼也。'际，会也。"阮元释曰：

"《永乐大典》本'不兆'下多'凤非梧不栖,麟非薮不止'十字,于阴阳之义无涉,戴本从之增入,非《曾子》本文也。'际'字,元本作'会'。""举",《吕氏春秋·论威》"则知所兔起凫举死殡之地矣"高诱注:"举,飞也。""兆"即灼龟以发吉凶,《周礼·春官·大卜》"大卜掌三兆之法"郑玄注:"兆者,灼龟发于火,其形可占者,其象似玉、瓦、原之璺罅,是用名之焉。"《尚书·洪范》"乃命卜筮,曰雨曰霁"孔安国传"龟兆形有似雨者,有似雨止者"孔颖达疏:"灼龟为兆。""际",《广雅·释诂四》、《广韵·祭韵》皆云:"际,会也。"《列子·力命》"俏之际昧然"张湛注:"际,犹会也。"汪中云:"'际',马作'济',无'也'字。"孙诒让则云:"赵校云:'"际也",宋本作"济也"。'案:宋本误。"

[28]"兹四者,所以役于圣人也":卢辩注:"谓为之瑞。"孔广森补注:"役,使也。圣人以四灵为畜也。故春秋左氏说龙为木,凤为火,麟为土,白虎为金,神龟为水,王者修其母则致其子,故视明礼修而麟至,思睿信立而白虎扰,言从义成而神龟在沼,听聪知正而名川出龙,貌恭体仁则凤皇来仪。"此句阮本作"兹四者,所以圣人役之也"并释曰:"朱本作'所以役圣人之精也',宋本作'所以役圣人之也',卢本作'所以役于圣人也',惟元本作'所以圣人役之也',戴本、孔本从之。"孙诒让曰:"赵校云:宋本作'所役圣人之精也'。(阮云:朱本作'所以役圣人之精也',宋本作'所以役圣人之也'。案:赵校宋本与阮所见本异,马氏《绎史》引与朱本同。)严校云高安本作'所以役于圣人也'。案:此当从赵校宋本为是,兹四者所役,略读谓四灵,所以可豢畜而役使之者,乃圣人之精意所感也。今本及朱本,盖校者臆改,于义殊浅近矣。"王聘珍作"所以役于圣人也",汪中亦作"所以役于圣人也",汪喜孙案:"戴校聚珍本作'所

以圣人役之也'。云各本讹作'役圣人之精也'。今从方本。孔本同,云从元本改。阮本亦同,皆未考《绎史》。然先君识马本异文而不校改正文,则马本未可遽从。"

〔29〕"是故圣人为天地主,为山川主,为鬼神主,为宗庙主":卢辩注:"鬼神,百神也。因外祀,故在宗庙之上也。"孔广森补注:"主,祭主也。"王聘珍曰:"主者,主其祭祀。鬼神,谓四方百物。"

〔30〕"圣人慎守日月之数,以察星辰之行,以序四时之顺逆,谓之历":卢辩注:"审十二月分数于昏旦,定辰宿之中见与伏,以验时节之愆否。"王聘珍曰:"察,审也。序,次也。"阮元注:"日行一度为一日,其数简明,为诸曜之主。月有朔、望之数。圣人必慎守日月之度数,而后可察五星恒星之行。星,五星也。辰,十二舍恒星也。四时顺逆者,分至日躔之赢缩也。冬至之后,日行赢度为太过;夏至之后,日行缩度为不及。皆失其中,故谓之逆。春秋二分,日行平度,渐适其中,故谓之顺。顺逆有数,四时皆定,此圣人所序也。今钦天监赢缩之法,即孔子所言顺逆也。故尧命羲、和,钦若昊天,历象日月星辰,岁三百有六旬有六日,以闰月定四时成岁,以授舜,曰:'咨尔舜,天之历数在尔躬。'舜亦以命禹。周武王访箕子,以五纪明其法。周公问商高,以述《周髀》。此圣人所以治天也。"

〔31〕"截十二管,以宗〔察〕八音之上下清浊,谓之律也":卢辩注:"八音,八卦之音。以律定八风之高下清浊,而准配金石丝竹也。"孔广森补注:"索,求也。管短则音上而清,管长则音下而润。八卦之音,乾为石,坎为革,艮为匏,震为竹,巽为木,离为思,坤为土,兑为金也。"王聘珍曰:"《汉书·律历志》云:'黄帝使伶伦自大夏之西,昆仑之阴,取竹之窍厚均者,断两节间而吹之,以为黄钟之

宫。制十二箭,以听凤之鸣,以比黄钟之宫,是为律本。'宗,主
也。……聘珍谓:律也者,六律六吕统谓之十二律也。《书》曰:'律
和声。'孔云:'律谓六律六吕。'"阮元注:"黄帝吹解谷之竹,以为黄
钟之宫,制十二管,黄钟、太蔟、姑洗、蕤宾、夷则、无射为六律,林
钟、南吕、应钟、大吕、夹钟、中吕为六吕。'宗'读为'察',也读为
'吕',皆字之误也。八音,土、竹、皮、匏、丝、石、金、木也。凡乐,中
声之上,则有半律,是为清声。中声之下,则有倍律,是为浊声。"并
释曰:"宋本皆作'宗'字,乃'察'字形近之讹。《后汉书·明帝纪》
注引《大戴礼》曰:'圣人截十二管,以察八音之清浊,谓之律吕。'此
所引'察'字本不误。高安本作'索'字,更误矣。又,《后汉书》注
'律'下为'吕'字,今各本或作'律也',或无'也'字,实皆'吕'字空
格,后人或妄加'也'字,或阙疑少一字也。"汪中云:"台拱案:'宗'
当作'定',出注。又案:朱本'宗'作'索'。"汪喜孙案:"'宗',戴校
聚珍本作'察',云各本讹作'宗',今从《永乐大典》本。孔本从高安
本作'索'。阮注亦读'宗'为'察'。谨案:《后汉书·明帝纪》注引
《大戴礼》曰:'圣人截十二管,以察八音之清浊,谓之律吕。'正作
'察'。刘因注云'以律定八风之高下清浊',而疑为'定'字,亦是一
说。故先君录之简端。"

[32]"律居阴而治阳,历居阳而治阴":卢辩注:"因地主气,因
天主事。"王聘珍曰:"居,处也。律述地气,故曰居阴。治阳者,节
气既得,可以考日月之行道,星辰之次舍,时候之寒暑,所治者皆天
事也。历悉天象,故曰居阳。治阴者,象数不忒,可因日星之出入,
昼夜之永短,以知东西南朔之高下向背,以正作讹成易之时,所治
者皆地事也。"阮元注:"地效以响,故律候地气;天效以景,故历测
天时;律居地以治天,故十二律应十二月,以律其历;历居天以治

地,故仪象日月星辰,以授民时。"

[33]"律历迭相治也,其间不容发":卢辩注:"历以治时,律以候气,其致一也。"孔广森补注:"扬子云曰:'上历施之,下律和之。'"王聘珍曰:"迭,更迭也。"阮元注:"迭,更也。不容发,言其密。司马迁云:'律历更相治,间不容翲忽。'"

[34]"圣人立五礼以为民望":卢辩注:"五礼其别三十六,生民之纪在焉。"王聘珍曰:"五礼,谓《春官》宗伯所掌吉、凶、宾、军、嘉五礼也。"

[35]"制五衰以别亲疏":王聘珍曰:"五衰,五服也。郑注《丧服》云:'凡服,上曰衰,下曰裳。'贾疏云:'兼解五服。五服,谓斩衰、齐衰、大功、小功、缌麻也。亲者服重,疏者服轻。'"孔广森补注亦云:"五服谓之五衰。衰,差也,所以衰分亲属。"

[36]"和五声以导民气":卢辩注:"致乐以治心也。"王聘珍曰:"五声者,《乐记》曰:'宫为君,商为臣,角为民,徵为事,羽为物。'导,宣导也。"阮元注:"闻宫音,使人温舒而广大;闻商音,使人方正而好义;闻角音,使人恻隐而爱人;闻徵音,使人乐善而好施;闻羽音,使人整齐而好礼。"

[37]"合五味之调以察民情":卢辩注:"察,犹别也。"孔广森补注:"乐以养阳,食以养阴,凡酸入肝,苦入心,甘入脾,辛入肺,咸入肾。五味失调,则各偏一藏,故五情之发,亦不得其正。"王聘珍曰:"五味者,《周礼》曰:'春多酸,夏多苦,秋多辛,冬多咸,调以滑甘。''调',和也。'察民情者',《王制》曰:'中国、夷、蛮、戎、狄,皆有安居和味。'又曰:'五味异和。'"

[38]"正五色之位":王聘珍曰:"五色之位者,《考工记》曰:'东方谓之青,南方谓之赤,西方谓之白,北方谓之黑,地谓之黄。'"

孔广森补注："位青于东，朱于南，白于西，黑于北，黄位中焉。"

[39]"成五谷之名"：卢辩注："五谷：黍、稷、麻、麦、菽也。"孔广森补注："《月令》：'春食麦，夏食菽，季夏食稷，秋食麻，冬食黍。'注依此文也。郑君说豫州谷宜五种，有稻无麻。"

[40]"序五牲之先后贵贱"：卢辩注："五牲：牛、羊、豕、犬、鸡。先后，谓四时所尚也。"孔广森补注："牛，土畜，司徒奉之；鸡，木畜，宗伯奉之；羊，火畜，司马奉之；犬，金畜，司寇奉之；豕，水畜，司空奉之。《周礼》与《五行传》所说同也。《月令》以羊为木、鸡为火。"

[41]"诸侯之祭〈牲〉牛，曰太牢；大夫之祭牲羊，曰少牢；士之祭牲特豕，曰馈食"：卢辩注："天子之大夫亦太牢。太牢，天子之牲角握，诸侯角尺，大夫索牛也。天子之士，亦少牢也。不言特牲，其文已著，又与大夫互相足也。"孔广森补注："太牢举牛以该羊豕，少牢举羊亦该豕也。《国语》曰：'士食鱼炙，祀以特牲。大夫举以特牲，祀以少牢；卿举以少牢，祀以特牛；诸侯举以特牛，祀以太牢；天子举以太牢，祀以会。'"并注："宋本脱'牲'字，从朱本增。"该句王聘珍作"诸侯之祭，牛，曰太牢；大夫之祭牲，羊，曰少牢；士之祭牲，特豕，曰馈食"，并注曰："陆氏《仪礼释文》云：'养牲所曰牢。'何注《公羊》云：'牛羊豕凡三牲，曰太牢。羊豕凡二牲，曰少牢。'郑注《仪礼》云：'祭祀自熟始，曰馈食。馈食者，食道也。'"阮元注："此诸侯、大夫、士宗庙之祭也。太牢者，牛、羊、豕三牲，举牛以该羊、豕。少牢者，羊、豕二牲，举羊以该豕。士祭惟豕，故曰特牲也。馈食者，馈孰也。大夫少牢，亦馈食。兹徒言士馈食者，大夫既举少牢，略言馈食也。天子之大夫，祭如诸侯，用太牢；天子之士，祭如大夫，用少牢。"并释曰："凡言太牢皆三牲，言少牢皆二牲，故《礼记·郊特牲》曰：'郊特牲，而社稷太牢。'明太牢兼三牲之名也。今

云牛曰太牢,羊曰少牢,明举一以该其余耳。'馈食'义见《仪礼》。《曲礼》曰:'大夫以索牛,士以羊、豕。'此言天子之大夫如诸侯,士如大夫也。"王引之不认同孔广森之说,云:"孔说非也。《天官·宰夫》郑注曰:'牛、羊、豕具为一牢。'《晋语》韦注曰:'凡牲,一为特,二为牢。'则凡称牢者皆非一牲。若云诸侯之祭牲牛,大夫之祭牲羊,则是一牲矣,记当谓之曰'特牲',何得尚谓之'牢'乎?寻检文义,'牛'下盖脱'羊'、'豕'二字,'羊'下盖脱'豕'字。桓八年《公羊传》何注:'礼,天子、诸侯、卿大夫("卿大夫"上当有"天子之"三字,卢注曰"天子之大夫亦大牢"),牛、羊、豕凡三牲,曰大牢;天子元士(卢注曰"天子之士亦少牢")、诸侯之卿大夫,羊、豕凡二牲,曰少牢;诸侯之士特豕。天子之牲角搔(卢注"搔"作"握"),诸侯角尺,卿大夫索牛(卢注同)。'此篇正文及注,多与彼同。则'诸侯之祭牲牛'下亦当有'羊'、'豕'二字,'大夫之祭牲羊'下亦当有'豕'字。写者脱去耳。卢注不释大牢单称牛、少牢单称羊之义,则所据本'牛'下有'羊'、'豕'二字(李善注《东都赋》引《大戴礼》'牛曰大牢',则'牛'下已脱'羊'、'豕'二字),'羊'下有'豕'字也。'曰馈食','曰'字盖因上文两'曰'字而衍。'特豕馈食'四字连读(《士虞礼》'特豕馈食'文与此同),'特豕馈食'者,谓士之馈食以特豕而无牛羊,即《仪礼》之特牲馈食礼也。大夫之祭以羊豕,则曰少牢、馈食。礼,士之祭与大夫同名'馈食'而牲则不同,故曾子辨异之。若有'曰'字,则是以'馈食'之名专属之士祭。何以解于大夫之祭亦名'馈食'乎?卢注'特豕馈食'曰'不言特牲',其文已著,又与大夫互相足也。言《仪礼》特牲馈食礼与少牢馈食相对,上文言少牢,则此互言特牲。今不言特牲者,特豕即特牲,其文已著,故不须更言曰特牲也。又,少牢、特豕皆馈食之牲,于士之特豕言馈食,正以见大夫之少牢亦馈食也。故曰与大夫互相足，不与诸侯互相足者。馈食乃宗庙之祭，诸侯之祭兼宗庙、社稷、山川，非馈食所能该也。卢据特牲、馈食以解特豕、馈食，则馈食上无'曰'字可知。"汪中云："卢刻无'牲'字。念孙案：'诸侯之祭'下宜有'牲'字。"汪喜孙案："聚珍本有'牲'字。孔本亦有'牲'字，云从朱本增。阮本亦有'牲'字。"兹从阮注，增一"牲"字。

　　[42]"无禄者稷馈，稷馈者无尸，无尸者厌也"：卢辩注："庶人无常牲，故以稷为主。"孔广森补注："祭殇者无尸，有阴厌、阳厌。庶人荐，不立尸，其礼亦准焉。"王聘珍曰："郑注《士虞礼》云：'尸，主也。孝子之祭，不见亲之形象，心无所系，立尸而主意焉。'郑注《曾子问》云：'厌，厌饫神也。厌有阴厌阳厌。迎尸之前，祝酌奠奠之且馂，是阴厌也。尸谡之后，彻荐俎敦，设于西北隅，是阳厌也。'然则阴厌在尸未至之前，阳厌在尸既起之后，是厌之无尸也。"阮元注："无禄者，兼大夫、士失位及庶人而言。《王制》曰：'大夫、士宗庙之祭，有田则祭，无田则荐。庶人春荐韭，夏荐麦，秋荐黍，冬荐稻。韭以卵，麦以鱼，黍以豚，稻以雁。'郑司农云：'士荐牲用特豚，大夫以上用羔。'曰稷馈者，稷为疏食，举最粗者以该麦、黍、稻，明不足言牲也。厌者，不成祭，徒取厌饫之通名。厌祭有三，皆无尸。一为大夫、士宗庙之祭，未迎尸以前，饫神为阴厌。尸出之后，饫神为阳厌。一为殇祭，不立尸，不举，无肵俎，无玄酒，不告利成，为阴厌。凡殇与无后者，祭于宗子之家，为阳厌。一为此篇孔子所言，无禄者，稷馈无尸也。无尸者，不成祭，礼准于厌，故亦得称厌。不分阴阳，阙明文也。"

　　[43]"宗庙曰刍豢，山川曰牺牷，割列禳瘞，是有五牲"：卢辩注："牛羊曰刍，犬豕曰豢。色纯曰牺，体完曰牷。宗庙言豢，山川

言牲,互文也。山川谓岳渎,以方色角尺,起于用厖索之。割,割牲也。列,疈辜也。禳,面禳也。瘗,埋也。"孙诒让云:"卢注云:'色纯曰牷,体完曰牲。宗庙言豢,山川言牲,互文也。山川谓岳渎,以方色角尺,起于用厖索之。'案:此注大意,本《周礼·牧人》郑注,而违失郑恉。《牧人》云:'望祀各以其方之色牲,毛之。'《牧人》云:'凡时祀之牲,必用牷物,凡外祭、毁事,用厖可也。'郑注云:'望祀,五岳、四镇、四渎也。''时祀,四时所常祀,谓山川以下,至四方百物。外祭,谓表貉,及王行所过山川用事者。'依《周礼》经注义,则祭山川礼有三等,上等用纯,又依方色;次等不依方色,仍用纯;下等乃用厖耳。若然,郑意四望岳渎,牲随方色,固不用厖,即余山川林泽虽不拘方色,但亦用纯不用厖。用厖者止谓王所过山川告祭或然耳。此经云山川牲牷,即彼所谓时祀用牷物,而卢以岳渎为释,则专属四望,而谓余山川并用厖,是止二等,与《周礼》经注并不合矣。"孔广森补注:"割者,披磔牲以祭。盖疈辜近之。《月令》曰:'大割祠于公社及门闾。'列,陈也。陈牲而不瘗,若祭山庪县是也。"王聘珍曰:"割牲者,以血祭祭社稷。《月令》曰'大割祠于公社'是也。列疈辜者,祭四方百物。面禳者,先郑注《鸡人职》云:'面禳,四面禳也。'祭山林曰埋。"阮元注:"割者,割牲体,宗庙正祭也。列者,疈辜,祭蜡啬也。禳者,冬春候禳,磔牲攘恶气也。瘗者,祭山林,薶其牲。"

译

　　单居离向曾子请教说:"听说天是圆的、地是方的,是这样的吗?"曾子说:"离,(既然)你听说了,那你就说说吧。"单居离说:"我对此无法明审对错,是以要向您请教。"曾子说:"凡是承天之气所生的,像动物之类,他们的头部在上端;凡是秉地气所长的,如植物之类,他们的根部在下端。天所孕育的我们称之为圆,地之所生的我们称之为方。(圆和方只是我们对他们的抽象描述,)如果是实际意义上的天圆和地方,那么地的四个角是掩盖不住的。你且近前来,我告诉你。我曾经听夫子说过:'天道的特征如圆之动,地道的特征如方之静。方之道幽静而圆之道光明。所谓的光明指的是它是往外吐气的,所以它形成的影像是在本体之外;所谓的幽静指的是它是往内含气的,所以显示的影像就在本体之内。因而火和日显影于外,而金和水则含影在内。吐气的一方作用是往外施予,含气的一方则主要是被动化育,所以说阳主施而阴主化育。阳气之精华称为神,阴气之精华称为灵。神与灵就是万物的根本所在,也是礼乐仁义的始端,善或者不善、政治清明或者混乱都是从这里产生的。阳气与阴气如果各安其所就会呈现平静的状态,一方偏胜就会起风,阴阳并起就会打雷,彼此交迫就会产生闪电,双方都散乱就会成雾,阴阳和合就会下雨。阳气占上风的时候就会散发为雨露,阴气占上风的时候就会凝结成霜雪。阳气纯粹的时候就会形成冰雹,阴气纯粹的时候就会形成霰,霰、雹都是由阳气或阴气纯粹一种气而产生的。兽类的毛虫有毛后才能化生,禽类的羽虫有羽后才能生存,兽类和禽类都是阳气所生。壳类的介虫有壳后才能生存,鳞类的鳞虫有鳞后才能存活,介虫和鳞虫都是阴气所生。只有人既无毛羽也无鳞壳而为胎衣所包而生,可以说是阴阳之精气和合所生。毛虫中最精粹的是麒麟,羽虫中最精粹的是凤凰,介虫中最精粹的是乌龟,鳞虫中最精粹的是龙,倮虫中最精粹的是圣人。龙没有风就不能腾飞,龟壳没有火来灼烧就无法显示吉凶之兆,这都是阴阳交会的表现。麟、凤、龟、龙四者为圣人所役使,所以圣人是祭祀天地的主祭者,是祭祀山川的主祭者,是祭祀鬼神的主祭者,是祭祀宗庙的主祭者。圣人审慎地遵循日月运行的度数,以观察五星和十二辰的运行状况,以推演四季交替中天象的顺逆,这叫做历。圣人还截取十二支竹管,用来辨察声音的高低清浊,这叫做律。律在阴位而治理阳位之天,历在阳位而治理阴位之地。律和历更迭而交替治理,两者密切交接配合,其紧密程度使得中间都容不下一根头发。圣人确立五种礼制作为民众共同遵循的准则,制定五等丧服制度来区分亲疏远近的关系,调试五声音节来引导百姓的习性,会合五种味道并加以调和来分别不同人的嗜欲,还规定五色所对应的方位,订立五谷的名称,区别排列五牲的先后顺序与贵贱等级。诸侯的祭祀典礼用牛、羊、豕作为牺牲,称为太牢;大夫的祭祀典礼用羊、豕作为牺牲,称为少牢;士所用的牺牲仅用一豕,称为馈食。没有俸禄的人以稷作为进献于神的祭品,以稷为祭品就不需要神尸,这种没有神尸的祭典就称为厌。祭祀宗庙山川所用的祭品,在祭祀宗庙时用牛羊,称为刍、豢;在祭祀山川时称为纯色的牺和整只的牷。或者割裂牲体以祭,或者磔碎牲体以祭,或者用牲攘除恶气,或者通过埋牲以祭山林,这些祭祀都有五牲可用。以上所说的这些都是万物的根本、礼乐的起源以及善恶治乱之所以产生的原因啊。"

图书在版编目(CIP)数据

《大戴礼记》"曾子十篇"译注/陈晨捷译注.
上海:上海三联书店,2024.8.—ISBN 978-7-5426
-8574-2

Ⅰ.K892.9

中国国家版本馆 CIP 数据核字第 2024HE3335 号

《大戴礼记》"曾子十篇"译注

译　　注 / 陈晨捷

责任编辑 / 徐建新
装帧设计 / 一本好书
监　制 / 姚　军
责任校对 / 王凌霄　张　瑞

出版发行 / 上海三联书店
　　　　　(200041)中国上海市静安区威海路 755 号 30 楼
邮　　箱 / sdxsanlian@sina.com
联系电话 / 编辑部: 021-22895517
　　　　　发行部: 021-22895559
印　　刷 / 上海展强印刷有限公司

版　　次 / 2024 年 8 月第 1 版
印　　次 / 2024 年 8 月第 1 次印刷
开　　本 / 890 mm × 1240 mm　1/32
字　　数 / 160 千字
印　　张 / 7.25
书　　号 / ISBN 978-7-5426-8574-2/K·791
定　　价 / 68.00 元

敬启读者,如发现本书有印装质量问题,请与印刷厂联系 021-66366565